Flexibilização das condições de trabalho

CB130631

www.editorasaraiva.com.br/direito
Visite nossa página

Sergio Pinto Martins

Flexibilização das condições de trabalho

6ª edição

saraiva jur

saraiva EDUCAÇÃO | saraiva jur

Av. Paulista, 901, 3º andar
Bela Vista – São Paulo – SP – CEP: 01311-100

SAC sac.sets@somoseducacao.com.br

Direção executiva Flávia Alves Bravin
Direção editorial Renata Pascual Müller
Gerência de projetos e produção editorial Fernando Penteado

Planejamento Josiane de Araujo Rodrigues

Novos projetos Sérgio Lopes de Carvalho
Dalila Costa de Oliveira

Edição Clarissa Boraschi Maria (coord.)
Daniel Pavani Naveira

Produção editorial Daniele Debora de Souza (coord.)
Luciana Cordeiro Shirakawa

Arte e digital Mônica Landi (coord.)
Camilla Felix Cianelli Chaves
Claudirene de Moura Santos Silva
Deborah Mattos
Guilherme H. M. Salvador
Tiago Dela Rosa

Projetos e serviços editoriais Daniela Maria Chaves Carvalho
Kelli Priscila Pinto
Laura Paraíso Buldrini Filogônio
Marília Cordeiro
Nicoly Wasconcelos Razuk

Diagramação Mônica Landi
Revisão Ivani Aparecida Martins Cazarim
Luciana Cordeiro Shirakawa
Capa Tiago Dela Rosa
Produção gráfica Marli Rampim
Sergio Luiz Pereira Lopes

Impressão e acabamento

DADOS INTERNACIONAIS DE CATALOGAÇÃO NA PUBLICAÇÃO (CIP)
ANGÉLICA ILACQUA CRB-8/7057

Martins, Sergio Pinto
Flexibilização das condições de trabalho / Sergio Pinto Martins. – 6. ed. – São Paulo: Saraiva Educação, 2020.
238 p.

Bibliografia
ISBN 978-65-5559-085-2 (impresso)

1. Direito do trabalho - Brasil. 2. Trabalho e classes trabalhadoras. I. Título.

CDD 349.2(81)
20-0427 CDU 34:331

Índice para catálogo sistemático:

1. Trabalho : Direito do trabalho

Data de fechamento da edição: 2-9-2020

Dúvidas? Acesse www.editorasaraiva.com.br/direito

Nenhuma parte desta publicação poderá ser reproduzida p[or] qualquer meio ou forma sem a prévia autorização da Sarai[va] Educação. A violação dos direitos autorais é crime estabeleci[do] na Lei n. 9.610/98 e punido pelo art. 184 do Código Penal.

CL 606708 CAE 734381

Ao Aldo Boer, pela amizade, consideração e reconhecimento do meu esforço na minha atividade profissional, que serve de incentivo para continuar o meu aperfeiçoamento.

"Na juventude, aprendemos; na maturidade, compreendemos."

(M. Edner-Eschenbach)

TRABALHOS DO AUTOR

LIVROS

1. *Imposto sobre serviços* – ISS. São Paulo: Atlas, 1992.
2. *Direito da seguridade social*. 39. ed. São Paulo: Saraiva, 2020.
3. *Direito do trabalho*. 36. ed. São Paulo: Saraiva, 2020.
4. *Terceirização e o direito do trabalho*. 15. ed. São Paulo: Saraiva, 2018.
5. *Manual do ISS*. 10. ed. São Paulo: Saraiva, 2017.
6. *Participação dos empregados nos lucros das empresas*. 3. ed. São Paulo: Atlas, 2009.
7. *Práticas discriminatórias contra a mulher e outros estudos*. São Paulo: LTr, 1996.
8. *Contribuição confederativa*. São Paulo: LTr, 1996.
9. *Medidas cautelares*. São Paulo: Malheiros, 1996.
10. *Manual do trabalho doméstico*. 14. ed. São Paulo: Saraiva, 2018.
11. *Tutela antecipada e tutela específica no processo do trabalho*. 4. ed. São Paulo: Atlas, 2013.
12. *Manual do FGTS*. 5. ed. São Paulo: Saraiva, 2017.
13. *Comentários à CLT*. 23. ed. São Paulo: Saraiva, 2020.
14. *Manual de direito do trabalho*. 13. ed. São Paulo: Saraiva, 2020.
15. *Direito processual do trabalho*. 42. ed. São Paulo: Saraiva, 2020.
16. *Contribuições sindicais*. 6. ed. São Paulo: Saraiva, 2020.
17. *Contrato de trabalho de prazo determinado e banco de horas*. 4. ed. São Paulo: Atlas, 2002.
18. *Estudos de direito*. São Paulo: LTr, 1998.
19. *Legislação previdenciária*. 23. ed. São Paulo: Saraiva, 2020.
20. *Síntese de direito do trabalho*. Curitiba: JM, 1999.
21. *A continuidade do contrato de trabalho*. 2. ed. São Paulo: Saraiva, 2019.
22. *Flexibilização das condições de trabalho*. 6. ed. São Paulo: Saraiva, 2020.
23. *Legislação sindical*. São Paulo: Atlas, 2000.
24. *Comissões de conciliação prévia*. 3. ed. São Paulo: Atlas, 2008.
25. *Coleção Fundamentos: direito processual do trabalho*. 22. ed. São Paulo: Saraiva, 2020.
26. *Coleção Fundamentos: direito do trabalho*. 21. ed. São Paulo: Saraiva, 2020.
27. *Coleção Fundamentos: direito da seguridade social*. 17. ed. São Paulo: Saraiva, 2016.
28. *Instituições de direito público e privado*. 18. ed. São Paulo: Saraiva, 2018.
29. *Pluralismo do direito do trabalho*. 2. ed. São Paulo: Saraiva, 2016.
30. *Greve no serviço público*. 2. ed. São Paulo: Saraiva, 2017.
31. *A execução da contribuição previdenciária na justiça do trabalho*. 5. ed. São Paulo: Saraiva, 2019.
32. *Manual de direito tributário*. 18. ed. São Paulo: Saraiva, 2019.
33. *CLT Universitária*. 26. ed. São Paulo: Saraiva, 2020.
34. *Cooperativas de trabalho*. 6. ed. São Paulo: Atlas, 2015.
35. *Reforma previdenciária*. 3. ed. São Paulo: Atlas, 2020.
36. *Manual da justa causa*. 7. ed. São Paulo: Saraiva, 2018.
37. *Comentários às súmulas do TST*. 16. ed. São Paulo: Saraiva, 2016.
38. *Constituição. CLT. Legislação previdenciária e legislação complementar*. 3. ed. São Paulo: Atlas, 2012.
39. *Dano moral decorrente do contrato de trabalho*. 5. ed. São Paulo: Saraiva, 2018.
40. *Profissões regulamentadas*. 2. ed. São Paulo: Atlas, 2013.
41. *Direitos fundamentais trabalhistas*. 3. ed. São Paulo: Atlas, 2020.
42. *Convenções da OIT*. 3. ed. São Paulo: Saraiva, 2016.
43. *Estágio e relação de emprego*. 5. ed. São Paulo: Saraiva, 2019.
44. *Comentários às Orientações Jurisprudenciais da SBDI-1 e 2 do TST*. 7. ed. São Paulo: Saraiva, 2016.
45. *Direitos trabalhistas do atleta profissional de futebol*. 2. ed. São Paulo: Saraiva, 2016.
46. *Prática trabalhista*. 9. ed. São Paulo: Saraiva, 2019.
47. *Assédio moral*. 5. ed. São Paulo: Saraiva, 2017.
48. Comentários à Lei n. 8.212/91. *Custeio da Seguridade Social*. São Paulo: Atlas, 2013.
49. Comentários à Lei n. 8.213/91. *Benefícios da Previdência Social*. São Paulo: Atlas, 2013.
50. *Prática previdenciária*. 5. ed. São Paulo: Saraiva, 2019.
51. *Teoria geral do processo*. 5. ed. São Paulo: Saraiva, 2020.

52. *Teoria geral do Estado*. 2. ed. São Paulo: Saraiva, 2018.
53. *Introdução ao Estudo do Direito*. São Paulo: Saraiva, 2018.
54. *Reforma trabalhista*. São Paulo: Saraiva, 2018.

ARTIGOS

1. A dupla ilegalidade do IPVA. *Folha de S. Paulo*, São Paulo, 12 mar. 1990. Caderno C., p. 3.
2. Descumprimento da convenção coletiva de trabalho. *LTr*, São Paulo, n. 54-7/854, jul. 1990.
3. Franchising ou contrato de trabalho? *Repertório IOB de Jurisprudência*, n. 9, texto 2/4990, p. 161, 1991.
4. A multa do FGTS e o levantamento dos depósitos para aquisição de moradia. *Orientador Trabalhista – Suplemento de Jurisprudência e Pareceres*, n. 7, p. 265, jul. 1991.
5. O precatório e o pagamento da dívida trabalhista da fazenda pública. *Jornal do II Congresso de Direito Processual do Trabalho*, jul. 1991, p. 42. (Promovido pela LTr Editora.)
6. As férias indenizadas e o terço constitucional. *Orientador Trabalhista Mapa Fiscal – Suplemento de Jurisprudência e Pareceres*, n. 8, p. 314, ago. 1991.
7. O guarda de rua contratado por moradores. Há relação de emprego? *Folha Metropolitana*, Guarulhos, 12 set. 1991. p. 3.
8. O trabalhador temporário e os direitos sociais. *Informativo Dinâmico* IOB, n. 76, p. 1164, set. 1991.
9. O serviço prestado após as cinco horas em sequência ao horário noturno. *Orientador Trabalhista Mapa Fiscal – Suplemento de Jurisprudência e Pareceres*, n. 10, p. 414, out. 1991.
10. Incorporação das cláusulas normativas nos contratos individuais do trabalho. *Jornal do VI Congresso Brasileiro de Direito Coletivo do Trabalho e V Seminário sobre Direito Constitucional do Trabalho*, nov. 1991, p. 43. (Promovido pela LTr Editora.)
11. Adicional de periculosidade no setor de energia elétrica: algumas considerações. *Orientador Trabalhista Mapa Fiscal – Suplemento de Jurisprudência e Pareceres*, n. 12, p. 544, dez. 1991.
12. Salário-maternidade da empregada doméstica. *Folha Metropolitana*, Guarulhos, 2-3 fev. 1992. p. 7.
13. Multa pelo atraso no pagamento de verbas rescisórias. *Repertório IOB de Jurisprudência*, n. 1, texto 2/5839, p. 19, 1992.
14. Base de cálculo dos adicionais. *Orientador Trabalhista Mapa Fiscal – Suplemento de Legislação, Jurisprudência e Doutrina*, n. 2, p. 130, fev. 1992.
15. Base de cálculo do adicional de insalubridade. *Orientador Trabalhista Mapa Fiscal – Suplemento de Legislação, Jurisprudência e Doutrina*, n. 4, p. 230, abr. 1992.
16. Limitação da multa prevista em norma coletiva. *Repertório IOB de Jurisprudência*, n. 10, texto 2/6320, p. 192, 1992.
17. Estabilidade provisória e aviso prévio. *Orientador Trabalhista Mapa Fiscal – Suplemento de Legislação, Jurisprudência e Doutrina*, n. 5, p. 279, maio 1992.
18. Contribuição confederativa. *Orientador Trabalhista Mapa Fiscal – Suplemento de Legislação, Jurisprudência e Doutrina*, n. 6, p. 320, jun. 1992.
19. O problema da aplicação da norma coletiva de categoria diferenciada à empresa que dela não participou. *Orientador Trabalhista Mapa Fiscal – Suplemento de Legislação, Jurisprudência e Doutrina*, n. 7, p. 395, jul. 1992.
20. Intervenção de terceiros no processo de trabalho: cabimento. *Jornal do IV Congresso Brasileiro de Direito Processual do Trabalho*, jul. 1992. p. 4. (Promovido pela LTr Editora.)
21. Relação de emprego: dono de obra e prestador de serviços. *Folha Metropolitana*, Guarulhos, 21 jul. 1992. p. 5.
22. Estabilidade provisória do cipeiro. *Orientador Trabalhista Mapa Fiscal – Suplemento de Legislação, Jurisprudência e Doutrina*, n. 8, p. 438, ago. 1992.
23. O ISS e a autonomia municipal. *Suplemento Tributário LTr*, n. 54, p. 337, 1992.
24. Valor da causa no processo do trabalho. *Suplemento Trabalhista LTr*, n. 94, p. 601, 1992.
25. Estabilidade provisória do dirigente sindical. *Orientador Trabalhista Mapa Fiscal – Suplemento de Legislação, Jurisprudência e Doutrina*, n. 9, p. 479, set. 1992.
26. Estabilidade no emprego do aidético. *Folha Metropolitana, Guarulhos*, 20-21 set. 1992. p. 16.
27. Remuneração do engenheiro. *Orientador Trabalhista Mapa Fiscal – Suplemento de Legislação, Jurisprudência e Doutrina*, n. 10, p. 524, out. 1992.
28. Estabilidade do acidentado. *Repertório IOB de Jurisprudência*, n. 22, texto 2/6933, p. 416, 1992.
29. A terceirização e suas implicações no direito do trabalho. *Orientador Trabalhista Mapa Fiscal – Suplemento de Legislação, Jurisprudência e Doutrina*, n. 11, p. 583, nov. 1992.

30. Contribuição assistencial. *Jornal do VII Congresso Brasileiro de Direito Coletivo do Trabalho e VI Seminário sobre Direito Constitucional do Trabalho*, nov. 1992. p. 5.
31. Descontos do salário do empregado. *Orientador Trabalhista Mapa Fiscal – Suplemento de Legislação, Jurisprudência e Doutrina*, n. 12, p. 646, dez. 1992.
32. Transferência de empregados. *Orientador Trabalhista Mapa Fiscal – Suplemento de Legislação, Jurisprudência e Doutrina*, n. 1, p. 57, jan. 1993.
33. A greve e o pagamento dos dias parados. *Orientador Trabalhista Mapa Fiscal – Suplemento de Legislação, Jurisprudência e Doutrina*, n. 2, p. 138, fev. 1993.
34. Auxílio-doença. *Folha Metropolitana*, Guarulhos, 30 jan. 1993. p. 5.
35. Salário-família. *Folha Metropolitana*, Guarulhos, 16 fev. 1993. p. 5.
36. Depósito recursal. *Repertório IOB de Jurisprudência*, n. 4, texto 2/7239, p. 74, fev. 1993.
37. Terceirização. *Jornal Magistratura & Trabalho*, n. 5, p. 12, jan. e fev. 1993.
38. Auxílio-natalidade. *Folha Metropolitana*, Guarulhos, 9 mar. 1993. p. 4.
39. A diarista pode ser considerada empregada doméstica? *Orientador Trabalhista Mapa Fiscal – Suplemento de Legislação, Jurisprudência e Doutrina*, n. 3/93, p. 207.
40. Renda mensal vitalícia. *Folha Metropolitana*, Guarulhos, 17 mar. 1993. p. 6.
41. Aposentadoria espontânea com a continuidade do aposentado na empresa. *Jornal do Primeiro Congresso Brasileiro de Direito Individual do Trabalho*, 29 e 30 mar. 1993. p. 46-47. (Promovido pela LTr Editora.)
42. Relação de emprego e atividades ilícitas. *Orientador Trabalhista Mapa Fiscal – Suplemento de Legislação, Jurisprudência e Doutrina*, n. 5/93. p. 345.
43. Conflito entre norma coletiva do trabalho e legislação salarial superveniente. *Revista do Advogado*, n. 39, p. 69, maio 1993.
44. Condição jurídica do diretor de sociedade em face do direito do trabalho. *Orientador Trabalhista Mapa Fiscal – Suplemento de Legislação, Jurisprudência e Doutrina*, n. 6/93, p. 394.
45. Equiparação salarial. *Orientador Trabalhista Mapa Fiscal – Suplemento de Legislação, Jurisprudência e Doutrina*, n. 7/93, p. 467.
46. Dissídios coletivos de funcionários públicos. *Jornal do 5º Congresso Brasileiro de Direito Processual do Trabalho*, jul. 1993. p. 15. (Promovido pela LTr Editora.)
47. Contrato coletivo de trabalho. *Orientador Trabalhista Mapa Fiscal – Suplemento de Legislação, Jurisprudência e Doutrina*, n. 8/93, p. 536.
48. Reintegração no emprego do empregado aidético. *Suplemento Trabalhista LTr*, n. 102/93, p. 641.
49. Incidência da contribuição previdenciária nos pagamentos feitos na Justiça do Trabalho. *Orientador Trabalhista Mapa Fiscal – Suplemento de Legislação, Jurisprudência e Doutrina*, n. 9/93, p. 611.
50. Contrato de trabalho por obra certa. *Orientador Trabalhista Mapa Fiscal – Suplemento de Legislação, Jurisprudência e Doutrina*, n. 10/93. p. 674.
51. Auto-aplicabilidade das novas prestações previdenciárias da Constituição. *Revista de Previdência Social*, n. 154, p. 697, set. 1993.
52. Substituição processual e o Enunciado 310 do TST. *Orientador Trabalhista Mapa Fiscal – Suplemento de Legislação, Jurisprudência e Doutrina*, n. 11/93, p. 719.
53. Litigância de má-fé no processo do trabalho. *Repertório IOB de Jurisprudência*, n. 22/93, texto 2/8207, p. 398.
54. Constituição e custeio do sistema confederativo. *Jornal do 8º Congresso Brasileiro de Direito Coletivo do Trabalho e 7º Seminário sobre Direito Coletivo do Trabalho*, nov. 1993. p. 68. (Promovido pela LTr Editora.)
55. Participação nos lucros. *Orientador Trabalhista Mapa Fiscal – Suplemento de Legislação, Jurisprudência e Doutrina*, n. 12/93. p. 778.
56. Auxílio-funeral. *Folha Metropolitana*, Guarulhos, 22-12-1993. p. 5.
57. Regulamento de empresa. *Orientador Trabalhista Mapa Fiscal – Suplemento de Legislação, Jurisprudência e Doutrina*, n. 1/94. p. 93.
58. Aviso prévio. *Orientador Trabalhista Mapa Fiscal – Suplemento de Legislação, Jurisprudência e Doutrina*, n. 2/94. p. 170.
59. Compensação de horários. *Orientador Trabalhista Mapa Fiscal – Suplemento de Legislação, Jurisprudência e Doutrina*, n. 3/94. p. 237.
60. Controle externo do judiciário. *Folha Metropolitana*, Guarulhos, 10-3-1994. p. 2; *Folha da Tarde*, São Paulo, 26-3-1994. p. A2.
61. Aposentadoria dos juízes. *Folha Metropolitana*, Guarulhos, 11-3-1994. p. 2; *Folha da Tarde*, São Paulo, 23-3-1994. p. A2.
62. Base de cálculo da multa de 40% do FGTS. *Jornal do Segundo Congresso Brasileiro de Direito Individual do Trabalho*, promovido pela *LTr*, 21 a 23-3-1994. p. 52.
63. Denunciação da lide no processo do traba-

lho. *Repertório IOB de Jurisprudência*, n. 7/94, abr. de 1994. p. 117, texto 2/8702.

64. A quitação trabalhista e o Enunciado n. 330 do TST. *Orientador Trabalhista Mapa Fiscal – Suplemento de Legislação, Jurisprudência e Doutrina*, n. 4/94. p. 294.
65. A indenização de despedida prevista na Medida Provisória n. 457/94. *Repertório IOB de Jurisprudência*, n. 9/94. p. 149, texto 2/8817.
66. A terceirização e o Enunciado n. 331 do TST. *Orientador Trabalhista Mapa Fiscal – Suplemento de Legislação, Jurisprudência e Doutrina*, n. 5/94. p. 353.

Sumário

Nota do Autor

Já havia feito palestra na Universidade São Francisco, em São Paulo, sobre "Flexibilização do trabalho", em 20 de agosto de 1997. A palestra foi publicada no *Orientador Trabalhista Mapa Fiscal*, n. 10, em outubro de 1997.

Em 6 de maio de 1999, fui convidado a fazer palestra sobre "A flexibilização do Direito do Trabalho diante da Constituição de 1988", na Ordem dos Advogados, em Ribeirão Preto. Na ocasião, o Sr. Luiz Herrmann, presidente da Editora Atlas, ficou empolgado com o assunto, achando que era atual e merecia um estudo. Entendeu que eu deveria escrever um livro sobre o tema, tendo inclusive o encomendado. Disse-lhe naquela oportunidade que era difícil fazer um livro sobre o assunto, pois não existia muito a ser falado, e havia até certa dificuldade em escrever um bom número de páginas.

Não me esqueci do assunto.

Posteriormente, fui convidado a fazer outra palestra em Brasília, no IV Congresso dos Procuradores do Trabalho, em 30 de maio de 1999, sobre as "Limitações da negociação coletiva", que, na verdade, implicava estabelecer limitações da flexibilização do trabalho. Em razão da palestra, fui obrigado a fazer novos estudos, e o material foi aumentando. Foram sendo lidos vários trabalhos sobre o assunto.

As coincidências, muitas vezes, são propositais. No caso presente, levaram à edição do atual trabalho.

Esta obra não é perfeita, como nenhuma das que escrevi.

Nesta edição, foram feitas atualizações e correções decorrentes da Lei n. 13.467/2017.

Espero que este livro seja útil ao leitor, de alguma forma. Se atingir esse objetivo, já estarei contente, pois foi escrito com a melhor das intenções.

1

Introdução

Para uns, a flexibilização é o anjo, para outros, o demônio. Está entre o céu e o inferno. Para certas pessoas, é a forma de salvar a pátria dos males do desemprego, para outras, é uma forma de destruir tudo aquilo que o trabalhador conquistou em séculos de reivindicações, que apenas privilegiam os interesses do capital, sendo uma forma de fazer com que o empregado pague a conta da crise econômica. Seria, assim, uma poção maléfica.

Umberto Romagnoli afirma que a flexibilidade, para muitos empresários, é "considerada como uma droga: se acostumam com ela rapidamente, nunca têm o suficiente e querem doses cada vez maiores"[1]. Ao se ministrar uma droga, ela deve, porém, ser controlada.

Nesse ponto, verifica-se uma teoria que prega a necessidade de o Estado intervir nas relações de trabalho para regulá-las, principalmente diante dos excessos praticados pelo empregador contra o trabalhador, que é o hipossuficiente. A outra teoria postula maior mobilidade das condições de trabalho na empresa, de forma que possam ser modificadas a qualquer tempo, para que, em épocas de crises econômicas, possam ser mantidos os empregos e assegurada também a sobrevivência da empresa. É a dicotomia entre o que deve prevalecer: o econômico ou o social?

O Direito do Trabalho é um ramo da ciência do Direito muito dinâmico, que vem sendo modificado constantemente, principalmente para resolver o problema do capital e do trabalho. Para adaptar esse dinamismo

---

1 ROMAGNOLI, Umberto. (Estabilidade versus precariedade, in *Anais do Seminário Internacional de Relações de Trabalho*. Brasília: Ministério do Trabalho, 1998, p. 22-27.

à realidade laboral, surgiu uma teoria chamada de flexibilização dos direitos trabalhistas. Essa teoria surge com base nas crises econômicas existentes na Europa por volta de 1973, em razão do choque dos preços do petróleo.

A dicotomia entre o econômico e o social é antiga. Já era encontrada na encíclica *Rerum novarum*, de Leão XIII.

A necessidade das mudanças nas relações trabalhistas, de forma a reduzir os custos do trabalho para o empregador, leva à necessidade da flexibilização do Direito do Trabalho e de serem estabelecidas modificações.

Afirma Portalis que "é preciso mudar, quando a mais funesta de todas as inovações seria, por assim dizer, não inovar. Não devemos ter preconceitos cegos. Tudo o que é antigo já foi novo"[2].

Como dizia Camões: "mudam-se os tempos, mudam-se as vontades; muda-se o ser, muda-se a confiança; todo o mundo é composto de mudança, tomando sempre novas qualidades"[3].

Há, portanto, necessidade de mudanças também no campo do Direito do Trabalho.

A legislação trabalhista brasileira pode ser comparada a uma máquina ultrapassada, que foi criada para trabalhar, mas que parecia não ter nascido para semelhante fim. A CLT não tem mais a mesma finalidade que tinha quando de sua criação, necessitando ser revista. Uma das formas dessa revisão é verificar mecanismos de flexibilização, de forma a adaptar a realidade de fato à norma jurídica.

Inicialmente, é necessário apresentar breve histórico da flexibilização, passando por sistemas de produção e automação que indicam a necessidade da flexibilização.

São encontradas várias denominações para indicar a matéria em estudo, como Direito do Trabalho da Crise, desregulação e outras. É preciso verificar, portanto, qual é a mais adequada.

---

[2] Portalis, Jean-Étienne-Marie. *Discours préliminaire sur le projet de Code Civil*, 1801.

[3] Soneto 92.

Examinando os autores, são encontrados vários conceitos, que serão enumerados, para oferecer o que entendo o mais adequado.

Mister se faz distinguir a flexibilização da desregulamentação, pois para alguns representaria o mesmo significado.

A flexibilização no direito estrangeiro vai mostrar várias formas de flexibilização, de modo a verificar, inclusive, sistemas que acabam influenciando a legislação brasileira.

Existem várias classificações que podem ser apresentadas para efeito de se verificar a flexibilização, contendo vários aspectos, como internos, externos, quantitativos.

Compreende a flexibilização várias causas, como a informatização, as crises econômicas etc., que precisam, portanto, ser estudadas.

São indicadas várias tendências da flexibilização, dependendo dos modelos adotados, como de instituição de outras formas de contratação, de contratos atípicos, da utilização do trabalho a tempo parcial etc.

As formas da flexibilização serão examinadas em capítulos distintos, compreendendo o contrato a tempo determinado, o trabalho temporário, o contrato de trabalho em domicílio, o trabalho a tempo parcial, o trabalho intermitente, a flexibilização de horários, de salário, da dispensa, a suspensão do contrato de trabalho para qualificação profissional, a subcontratação, o contrato de formação, o contrato de solidariedade, o *Kapovaz*, do Direito alemão, o *job sharing* etc.

Será analisada a legislação brasileira existente sobre o tema, que evidentemente não tem o nome flexibilização, mas indica procedimentos de flexibilização do Direito do Trabalho.

Serão estudados os limites da flexibilização do Direito do Trabalho, que abrangem fatores constitucionais e legais, principalmente até que ponto a flexibilização pode ser feita pela negociação coletiva.

Por último, serão estabelecidas as conclusões necessárias, diante da exposição feita.

Passemos ao primeiro tópico, que é verificar alguns procedimentos históricos relativos à flexibilização.

2

Histórico

Não pretendo fazer um histórico do desenvolvimento do trabalho no tempo, mas constatar que no curso da história certos processos de trabalho acabam até influenciando na flexibilização das regras de trabalho.

A invenção da máquina trouxe a dispensa de vários trabalhadores. Foi o que ocorreu com o surgimento da máquina a vapor como fonte energética. A máquina de fiar foi patenteada por John Watt em 1738, sendo o trabalho feito de forma muito mais rápida com o referido equipamento.

O tear mecânico foi inventado por Edmund Cartwright, em 1784.

James Watt aperfeiçoou a máquina a vapor.

A máquina de fiar de Hargreaves e os teares mecânicos de Cartwright também acabaram substituindo a força humana, terminando com vários postos de trabalho existentes e causando desemprego, na época.

Com os novos métodos de produção, a agricultura também passou a empregar menos pessoas, causando desemprego no campo.

Inicia-se, assim, a substituição do trabalho manual pelo trabalho com o uso de máquinas.

Havia necessidade de que as pessoas viessem, também, a operar as máquinas não só a vapor, mas as têxteis, o que fez surgir o trabalho assalariado.

Os ludistas[1] organizavam-se para destruir as máquinas, pois entendiam que eram elas as causadoras da crise do trabalho[2].

---

1 Trabalhadores ingleses seguidores de Nell Ludd.

2 LEFRANC, Georges. *Histoire du travail et des travailleurs*. Paris: Flammarion, 1957, p. 245.

Afirmava Karl Marx, por volta de 1867, quando publicou o primeiro volume de *O capital*, que a maior automação da produção acabaria por eliminar completamente o trabalhador. Marx declara que o trabalho do empregado passa a ser atividade da máquina[3].

David Ricardo dizia, no início do século XIX, que as máquinas iriam destruir os empregos.

O liberalismo prega a liberdade individual. No liberalismo, não devem existir corpos intermediários entre o indivíduo e o Estado.

Entretanto, no Direito do Trabalho não existe uma liberdade individual plena na contratação, pois ela fica limitada pelo Estado nos pontos que protegem o trabalhador. O sindicato é um órgão intermediário que fica entre o indivíduo e o Estado, defendendo e representando o interesse de seus filiados ou da categoria.

Mostra Frederick Taylor uma forma de organização e racionalização do trabalho, por meio de seus "Princípios de Administração Científica" (1895). Seriam quatro os princípios:

1) o estudo científico traria melhores métodos de trabalho;

2) seleção e treinamento científico da mão de obra;

3) estima e colaboração sincera entre a direção e a mão de obra;

4) distribuição uniforme do trabalho e das responsabilidades entre a administração e a mão de obra.

Henry Ford criou a linha de montagem na indústria automobilística, por meio da esteira móvel. O "fordismo" seria a aplicação do "taylorismo" em grande escala. Tinha as seguintes características: adotava um sistema generalizante, que não era especialista em determinada matéria; havia estratificação dos níveis hierárquicos na empresa; partia do pressuposto da autossuficiência; pretendia atingir mercados nacionais e não mercados globais, como temos hoje; compreendia o desenvolvimento de tecnologia de longa maturação, fazendo estoques de insumos e matérias-primas; havia um número muito grande de trabalhadores, com pagamento de baixos salários[4].

---

3 Apud MCLELLAN, David. *Marx's Grundrisse der Kritik der Politischen Ökonomie*. New York: Harpers, 1977, p. 162.

4 FREITAS JR., Antonio Rodrigues de. *Globalização, Mercosul e crise do estado-nação*. São Paulo: LTr, 1997, p. 65-66.

Destaca-se nessa fase a produção em massa feita na linha de montagem. O trabalhador passa a fazer todo o dia uma atividade monótona e mecânica. Houve um aumento da produção com o sistema. O trabalho é prestado sob a forma subordinada. O contrato de trabalho é de prazo indeterminado. A empresa tem estrutura rígida.

Em 1947, um grupo de economistas, cientistas políticos e filósofos reuniu-se em Mont Saint Pélerin, na Suíça. Eles eram contrários à política norte-americana do New Deal. O Estado do bem-estar social destrói a liberdade dos cidadãos e a competição.

Milton Friedman afirma que qualquer intervenção no livre jogo do mercado é coercitiva. A intervenção do Estado só se justifica para manter a lei e a ordem, julgar disputas sobre a interpretação da lei, reforçar os contratos, promover a competição, evitar o monopólio. O Estado não deveria intervir para fixar salário mínimo, pois iria distorcer o mercado; em programas de previdência, em razão de que iria provocar injustificada distribuição de renda e um incentivo para os filhos que não viessem a cuidar dos pais idosos.

A fixação de salários pelos sindicatos é prejudicial ao trabalhador, em razão de excluir do mercado os que querem trabalhar sob remuneração menor. A melhor garantia para o empregado é a concorrência entre empregadores para a garantia de seus serviços e a melhor garantia para o empregador é poder escolher entre vários empregados o que melhor o satisfaça[5]. Deveria haver redução nas atividades do Estado. O Estado mínimo só pode ser conquistado se houver um Estado forte.

No Liberalismo não há intervenção do Estado na economia. É representado pela expressão francesa: "*laissez faire, laissez passer, le monde va de lui-même*" (deixa fazer, deixa passar, o mundo caminha por ele mesmo). Haveria liberdade de toda e qualquer manifestação da vida humana, da liberdade e da propriedade. O Estado interviria na vida das pessoas dentro de certos limites. O trabalho seria regulado pela lei da oferta e da procura, inclusive os salários.

---

5 FRIEDMAN, Milton e Rose. *Liberdade de escolha*. Rio de Janeiro: Record, 1988, p. 243.

O sistema foi adotado na década de 1980 na Inglaterra, pela ministra Margaret Thatcher. Foram feitas privatizações, houve restrição à ação sindical e ao direito de greve, estabeleceu-se flexibilização das relações de trabalho.

O Neoliberalismo ou novo liberalismo tem ênfase na liberdade de comércio e da circulação de capital. A economia de mercado não teria limites estabelecidos pelo Estado. Deve haver "menos Estado e mais sociedade civil".

Mostra o neoliberalismo que a economia deve seguir o caminho de livrar-se de obstáculos que dificultem ou impeçam o livre desenvolvimento do mercado.

A flexibilização tem sido voltada para o capital, para o aumento da produção. Visa maximizar lucros em decorrência da internacionalização das economias. Tem sido usada para diminuir custos nas empresas.

Na América Latina, o neoliberalismo foi feito com a abertura externa da economia, privatizações, desregulamentação, contratos de prazo determinado, subcontratação, terceirização.

A visão estruturalista mostra que a flexibilidade é ligada ao desaparecimento do sistema de produção fordista.

No Japão, é adotado novo processo de produção, na fábrica da Toyota, denominado "toyotismo". Passa a haver a produção por demanda. O consumo é que determina a produção. O produto só é feito se há procura pelo objeto, quer dizer, de acordo com as necessidades do mercado consumidor. A reposição dos estoques é feita somente após a verificação da demanda existente no mercado. Compreende o "toyotismo" a aplicação de alta tecnologia, a utilização de mão de obra qualificada, apta a desenvolver várias atividades. Passa o trabalhador a ter de desenvolver vários trabalhos ao mesmo tempo e a possuir melhor educação, de forma a entender os novos processos tecnológicos. O processo produtivo é mais flexível. O trabalhador envolve-se em várias etapas da produção.

Com a automação, o computador substitui certas atividades que eram feitas pelo homem, necessitando haver adaptação dessa circunstância ao trabalho, pois causa desemprego. Diminui a necessidade de mão de obra, pois a máquina substitui vários trabalhadores ao mesmo tempo, necessitando, muitas vezes, apenas de um para operá-la.

Nas empresas em que há produção em série, os estoques existentes passam a ser estabelecidos para durar poucas horas.

As empresas passam a exigir escolaridade e especialização para a contratação. O empregado deve ter várias especialidades. Tem de ser um generalista.

Em razão de todos os processos que vão ocorrendo no curso do tempo, há necessidade de serem estabelecidos mecanismos de flexibilização do trabalho, como do horário de trabalho, da jornada de trabalho e de outras condições de trabalho.

As crises passam a ser cíclicas, começando com a do petróleo, por volta de 1973, em que há necessidade de adaptação das regras trabalhistas às novas exigências dos tempos. Daí a necessidade de flexibilização das regras do Direito do Trabalho.

No início dos anos 1980, houve a flexibilização de salários, como tentativa de evitar o fechamento da Chrysler, nos Estados Unidos. As negociações coletivas adiaram os reajustes salariais, tendo havido, inclusive, redução de salários. Em troca, houve a garantia de que os trabalhadores não seriam dispensados.

O Programa Seguro-Emprego (PSE) poderia ser feito até 31 de dezembro de 2017 (§ 1º do art. 2º da Lei n. 13.189/2015). Seu objetivo era evitar as dispensas dos trabalhadores. Segundo a lei, não pode ser feito depois de 31 de dezembro de 2017). Podem aderir ao PPE as empresas de todos os setores em situação de dificuldade econômico-financeira que celebrarem acordo coletivo de trabalho específico de redução de jornada e de salário (art. 2º da Lei n. 13.189/2015). Tem prioridade de adesão a empresa que demonstre observar a cota de pessoas com deficiência.

A adesão só pode ser feita por acordo coletivo de trabalho e não por acordo individual. Deve ser específico para a hipótese de dificuldade econômico-financeira da empresa. Justifica-se a utilização de acordo coletivo pelo fato de que a empresa irá celebrá-lo com o Sindicato dos Empregados. Não pode ser feito por convenção coletiva, pois esta teria efeitos para toda a categoria e não só para uma empresa.

Nem todas as empresas estão em situação econômica difícil para se falar em celebrar convenção coletiva com o Sindicato dos Empregados. Poderia haver a redução do salário e da jornada em até 30% (art. 5º da Lei

n. 13.189/2015). É hipótese de flexibilização *in pejus* (para pior) de condições de trabalho, mas exige que haja a celebração de acordo coletivo, para que o Sindicato dos empregados possa fiscalizar a empresa.

O valor do salário pago pelo empregador, após a redução, não pode ser inferior ao valor do salário mínimo, que é o valor mínimo que deve ser recebido por um empregado. Os empregados de empresas que aderirem ao PPE e que tiverem seu salário reduzido fazem jus a compensação pecuniária equivalente a 50% do valor da redução salarial e limitada a 65% do valor máximo da parcela do seguro-desemprego, enquanto perdurar o período de redução temporária da jornada de trabalho (art. 4º da Lei n. 13.189/2015). Essa compensação será feita com valores oriundos do Fundo de Amparo ao Trabalhador.

A Portaria do Ministério do Trabalho n. 1.013, de 21-7-2015, regulamenta a matéria. A compensação pecuniária integra as parcelas remuneratórias para efeito de incidência da contribuição previdenciária e do FGTS. A situação de dificuldade econômico-financeira deve ser comprovada pela empresa, fundamentada no Indicador Líquido de Empregos – ILE, considerando-se nesta situação a empresa cujo ILE for igual ou inferior a 1%, apurado com base nas informações disponíveis no Cadastro Geral de Empregados e Desempregados – CAGED, sendo que o ILE consiste no percentual representado pela diferença entre admissões e demissões acumulada nos doze meses anteriores ao da solicitação de adesão ao PPE dividida pelo número de empregados no mês anterior ao início desse período (art. 3º, VI, da Lei n. 13.189). Precisaria a empresa demonstrar ao sindicato que foram esgotados os bancos de horas, além de fornecer as informações econômico-financeiras (§ 3º do art. 5º da Lei n. 13.189).

Na verdade, a empresa deveria esgotar também a concessão de férias coletivas para ingressar no sistema. Conforme o art. 6º da Lei n. 13.189/2015, a empresa que aderir ao PPE fica proibida de:

> I – dispensar arbitrariamente ou sem justa causa os empregados que tiverem sua jornada de trabalho temporariamente reduzida enquanto vigorar a adesão ao PPE e, após o seu término, durante o prazo equivalente a um terço do período de adesão. A proibição não diz respeito aos empregados que tiverem reduzido o salário;
>
> II – contratar empregado para executar, total ou parcialmente, as mesmas atividades exercidas por empregado abrangido pelo programa, exceto nas hipóteses de:

a) reposição;

b) aproveitamento de concluinte de curso de aprendizagem na empresa, nos termos do art. 429 da CLT.

Durante o período de adesão, é proibida a realização de horas extraordinárias pelos empregados abrangidos pelo programa (§ 2º do art. 6º da Lei n. 13.189/2015). Não tem sentido reduzir salário e jornada se os empregados vão fazer horas extras. Se a empresa descumprir o acordo coletivo ou as normas relativas ao PPE, ficaria obrigada a restituir ao FAT os recursos recebidos, devidamente corrigidos, e a pagar multa administrativa correspondente a 100% desse valor, calculada em dobro no caso de fraude (§ 1º do art. 8º da Lei n. 13.189/2015).

No PPE a divisão de responsabilidades foi feita pelo governo (com o pagamento da compensação por meio do FAT), pelos empregados (com a redução do salário e da jornada) e pelo empregador, que não dispensa os trabalhadores. O empregador teria de esgotar o banco de horas, mas não é preciso que os empregados gozem férias coletivas, como era a proposta da Medida Provisória n. 680/2015. Até fevereiro de 2016 apenas 83 empresas tinham aderido ao sistema, beneficiando 54 mil trabalhadores. Até 31 de dezembro de 2018, havia a possibilidade de redução da jornada e salário em até 30%. Foram feitos apenas 217 acordos coletivos. Apenas 601 empresas fizeram acordos, mas sem o pagamento feito pelo governo[6].

É mister a conciliação entre o econômico, que é a produção, e o social, que é a própria sobrevivência do trabalhador e de sua família, necessitando haver maior flexibilização das condições de trabalho até mesmo para manter o próprio trabalho.

Leciona Miguel Reale que:

> o Direito do Trabalho pode e deve ser um Direito de Vanguarda, no sentido de que se coloca sempre a par dos acontecimentos últimos que se realizam no Plano Cultural, em benefício dos valores essenciais daqueles que exercem atividade criadora em qualquer campo do conhecimento[7].

---

6 Fonte: Fipe.

7 REALE, Miguel. *A globalização da economia e o direito do trabalho*. São Paulo: LTr, jan. 1997, p. 11.

O Direito do Trabalho sempre teve, porém, uma linha flexibilizadora para melhorar as condições de trabalho ou *in mellius* e não para piorá-las.

3

Denominação

Initium doctrinae sit consideratio nominis. Para o estudo de determinado tema, deve-se iniciar pela análise de sua denominação, que poderá ajudar a compreender aquilo que se pretende estudar.

O verbo *flexibilizar* vem do latim *flecto, flectis, flectere, flexi, flectum*. Tem o sentido de curvar, dobrar, fletir.

São encontradas as expressões Direito do Trabalho da Crise ou da Emergência, em razão de que há necessidade de dotar o Direito do Trabalho de novas medidas, em razão das crises econômicas.

As expressões *adaptabilidade* e *capacidade de acomodação* significam o ajustamento das regras trabalhistas à realidade dos dias atuais.

Outros usam as expressões desregulamentação ou deslegalização, que significaria substituir a norma estatal pela norma das partes, pela norma coletiva ou individual.

Utiliza-se a denominação flexibilização para dar mais elasticidade às regras trabalhistas, em contrapartida àquela fixação rígida que sempre se preconizou. Seria uma nova forma de enfrentar as crises econômicas.

A crise não é apenas uma das questões que compreendem a necessidade de mudança de normas trabalhistas rígidas, mas também as novas tecnologias, o desemprego, a falta de criação de empregos, a globalização etc. É a crise uma das causas da flexibilização do Direito do Trabalho. A crise econômica, contudo, é uma companheira de viagem indesejável, mas histórica, do Direito do Trabalho[1].

---

1 PALOMEQUE, Manuel Carlos. *Derecho del trabajo e ideologia*. Madrid, 1995, p. 23.

Desregulamentação é a completa ausência de normas a respeito do trabalho. Não é isso que se pretende, mas a existência de normas legais trabalhistas, que garantam um mínimo ao trabalhador, porém com maior flexibilidade para se adaptar, por exemplo, às situações nas crises.

A denominação flexibilização parece mais adequada. O adjetivo flexível significa dobrar ou curvar. O substantivo flexibilidade indica qualidade de flexível; elasticidade, destreza, agilidade, flexão, flexura; faculdade de ser manejado; maleabilidade; aptidão para variadas coisas ou aplicações; é o que pode dobrar ou curvar; é o contrário da rigidez. Na prática, os estudiosos acabaram preferindo a palavra *flexibilização*[2].

A palavra flexibilização é um neologismo, não encontrado nos dicionários. É originária do espanhol *flexibilización*. É o ato ou efeito de tornar flexível, de flexibilizar. O verbo flexibilizar tem o sentido de tornar-se flexível, assim como a palavra flexibilidade, que significa qualidade de flexível, elasticidade, agilidade.

Irei adotar a palavra *flexibilidade* ou o neologismo flexibilização para tratar do tema, em razão de a prática assim consagrar tais expressões.

O certo não seria falar em flexibilização do Direito do Trabalho ou da legislação do trabalho, pois a lei não é flexibilizada, mas em flexibilização das condições de trabalho, por serem estas que serão flexibilizadas.

---

2 ROBORTELLA, Luiz Carlos Amorim. *O moderno direito do trabalho*. São Paulo: LTr, 1994, p. 93.

4 Conceito

4.1 Conceito

A doutrina tem vários conceitos sobre a flexibilização do Direito do Trabalho.

Antes de se analisar o conceito da flexibilização, é possível dizer que se trata de uma reação aos padrões até então vigentes das legislações que estão em desacordo com a realidade, das legislações extremamente rígidas que não resolvem todos os problemas trabalhistas, principalmente diante das crises econômicas ou outras.

Internacionalmente, muitas vezes é lembrado o conceito da Organização de Cooperação e Desenvolvimento Econômico (OCDE), tendo por fundamento o "Informe Dahrendorf", em que a flexibilidade é a "capacidade de os indivíduos na economia e em particular no mercado de trabalho de renunciar a seus costumes e de adaptar-se a novas circunstâncias"[1]. Ensina Arturo Bronstein, que a referida definição apresenta:

> aspectos sociológicos e psicológicos da flexibilidade, porém não tem verdadeiramente um conteúdo normativo. Pode servir-nos como referência geral, para destacar conceitualmente os elementos que formam parte do debate sobre flexibilidade, mas não parece suficiente para uma análise sobre os efeitos da doutrina da flexibilidade no Direito do Trabalho, debate que deve necessariamente integrar-se com elementos jurídicos[2].

---

1 *OCDE*. La flexibilité du marché du travail. Paris: Rapport d'un groupe d'experts de haut niveau au Secrétaire Générale, 1986, p. 6.

2 BRONSTEIN, Arturo. La flexibilidad del trabajo: panorama general. *Re-*

Na verdade, a definição não tem mesmo; é um conteúdo jurídico.

Cassio Mesquita Barros Jr. informa que a:

> flexibilidade do Direito do Trabalho consiste nas medidas ou procedimentos de natureza jurídica que têm a finalidade social e econômica de conferir a possibilidade de ajustar a sua produção, emprego e condições de trabalho às contingências rápidas ou contínuas do sistema econômico[3].

Na mesma linha anterior, verifica-se o entendimento de Arturo Hoyos, dizendo que a flexibilização trabalhista é:

> a possibilidade de a empresa contar com mecanismos jurídicos que lhe permitam ajustar sua produção, emprego e condições de trabalho às flutuações rápidas e contínuas do sistema econômico (demanda efetiva e sua diversificação, taxa de câmbio, juros bancários, competição internacional), às inovações tecnológicas e a outros fatores que requerem ajustes com rapidez[4].

Luiz Carlos Amorim Robortella ensina que a flexibilização do Direito do Trabalho é:

> o instrumento de política social caracterizado pela adaptação constante das normas jurídicas à realidade econômica, social e institucional, mediante intensa participação de trabalhadores e empresários, para eficaz regulação do mercado de trabalho, tendo como objetivos o desenvolvimento econômico e o progresso social[5].

Rosita Nazaré Sidrim Nassar entende que a flexibilização do Direito do Trabalho é:

---

vista de la Facultad de Ciencias Juridicas y Politicas, Caracas, n. 75, p. 375, 1990.

3 BARROS JR., Cassio Mesquita. *Trabalho e processo*. São Paulo: Saraiva, 1994, n. 2. Flexibilização no direito do trabalho.

4 HOYOS, Arturo. Estudios sobre flexibilidad en Panamá. *Revista de La Facultad de Ciencias Juridicas y Politicas*, Caracas, n. 75, p. 378, 1990.

5 ROBORTELLA, Luiz Carlos Amorim. *O moderno direito do trabalho*. São Paulo: LTr, 1994, p. 97.

> a parte integrante do processo maior de flexibilização do mercado de trabalho, consistente no conjunto de medidas destinadas a dotar o Direito Laboral de novos mecanismos capazes de compatibilizá-lo com as mutações decorrentes de fatores de ordem econômica, tecnológica ou de natureza diversa exigentes de pronto ajustamento[6].

Essa definição constata a realidade da flexibilização no mercado de trabalho, necessitando haver um sistema para melhor adaptar a realidade à previsão legal.

Júlio Assunção Malhadas leciona que a flexibilização é:

> a possibilidade de as partes – trabalhador e empresa – estabelecerem, diretamente ou através de suas entidades sindicais, a regulamentação de suas relações sem total subordinação ao Estado, procurando regulá-las na forma que melhor atenda aos interesses de cada um, trocando recíprocas concessões[7].

Mario Pasco Cosmopolis informa que flexibilização é a:

> modificação atual e potencial das normas laborais que se traduz na atenuação dos níveis de proteção dos trabalhadores e que frequentemente vai acompanhada de uma aplicação da faculdade patronal de direção[8].

Santiago Barajas Montes de Oca afirma que a flexibilidade do Direito do Trabalho é o "elemento complementar da relação de trabalho segundo o qual trabalhadores e patrões acertam um ajuste econômico, com caráter provisório ou temporal, para as condições de trabalho estabelecidas, de uma empresa em crise". Informa que devem ser observados três elementos:

---

6 NASSAR, Rosita de Nazaré Sidrim. *Flexibilização do direito do trabalho.* São Paulo: LTr, 1991, p. 20.

7 MALHADAS, Júlio Assunção. A flexibilização das condições de trabalho em face da nova Constituição. *Curso de Direito Constitucional do Trabalho.* Estudos em homenagem ao professor Amauri Mascaro Nascimento. São Paulo: LTr, 1991, p. 143.

8 PASCO COSMOPOLIS, Mario. La flexibilización en America Latina. *Direito e processo do trabalho.* Estudos em homenagem a Octavio Bueno Magano. São Paulo: LTr, 1996, p. 118.

a) o acordo voluntário e livre dos interlocutores sociais;

b) um ajuste econômico, de caráter provisório ou temporal;

c) o presente em uma empresa em crise[9].

O conceito compreende uma situação provisória ou temporal, que é o que ocorre na maioria dos casos, mas pode estar inserida num contexto permanente de necessidade de modificações e de estabelecer regras flexíveis na legislação para quando houver uma determinada situação a ser aplicada.

As definições citadas abrangem aspectos jurídicos, políticas econômicas e sociais, instrumentos e outros aspectos.

De fato, a flexibilização abarca uma série de aspectos, de acordo com o Direito de cada país, compreendendo fatores econômicos, políticos etc. Existem várias formas de flexibilização do Direito do Trabalho, em decorrência de cada sistema.

Do ponto de vista sociológico, a flexibilização é a capacidade de renúncia a determinados costumes e de adaptação a novas situações.

Prefiro dizer que a flexibilização das condições de trabalho é o conjunto de regras que tem por objetivo instituir mecanismos tendentes a compatibilizar as mudanças de ordem econômica, tecnológica, política ou social existentes na relação entre o capital e o trabalho.

Conjunto porque forma um todo organizado, um sistema para o fim de estabelecer mecanismos para compatibilizar as regras do Direito do Trabalho com as mudanças, isto é, uma reunião de medidas visando flexibilizar as relações trabalhistas. Não se faz a flexibilização apenas de uma forma ou mediante medidas isoladas, mas dentro de um conjunto. São adotados vários procedimentos para a flexibilização.

Não se trata de flexibilização do Direito de Trabalho, mas de condições de trabalho, de regras que serão observadas em relação ao pacto laboral. O objetivo do Direito do Trabalho não é ser flexível, mas melhorar as condições do trabalhador. Logo, não se pode falar em flexibilidade do Direito do Trabalho.

---

9 MONTES DE OCA, Santiago Barajas. La flexibilidad en la relación de trabajo. *Boletin Mexicano de Derecho Comparado*. México, ano XXIV, n. 70, p. 17, abr. 1991.

O sistema compreende as modificações de ordem econômica, tecnológica ou social, e não apenas regras jurídicas.

Flexibilizar não é desregular, mas regular de uma forma diferente da anterior para atender modificações de ordem econômica, tecnológica ou social.

Sob o aspecto jurídico, é uma norma, ou instituto, ou situação, que era inflexível e passa a sofrer um processo de mudança visando a sua atenuação ou adaptação à realidade.

A flexibilização das regras trabalhistas é, ainda, uma forma de atenuar o princípio da proteção à relação laboral. O referido princípio não será, porém, eliminado, mas serão minorados seus efeitos em certas situações específicas.

Há necessidade, assim, de adaptação ou flexibilização, de modo a adaptar o Direito à realidade, e não o inverso.

Flexibilização não é exatamente a revogação ou exclusão de direitos trabalhistas, mas a modificação de certos direitos mediante negociação coletiva, notadamente diante das crises econômicas.

A analogia feita por Mario Pasco Cosmopolis bem serve para explicar a flexibilização: ela desempenha função equivalente à da poda de uma árvore ou de seus galhos, eliminando os ramos secos e supérfluos com o propósito de robustecer o tronco[10].

Flexisegurança é o modelo que vem sendo usado com maior repercussão na Dinamarca, mesclando dispensa flexível, sistema de indenização generoso, com indenizações na dispensa superiores às de outros países e políticas ativas de mercado de trabalho.

4.2 Distinção

Não se confunde flexibilização com desregulamentação. Desregulamentação significa desprover de normas heterônomas as relações de tra-

---

10 PASCO COSMOPOLIS, Mario. La flexibilización en America Latina. *Direito e processo do trabalho*. Estudos em homenagem a Octavio Bueno Magano. São Paulo: LTr, 1996, p. 117.

balho. Na desregulação, o Estado deixa de intervir na área trabalhista, não havendo limites na lei para questões trabalhistas, que ficam a cargo da negociação individual ou coletiva. Na desregulamentação, a lei simplesmente deixa de existir, pois é retirada a proteção do Estado em relação ao trabalhador.

Na flexibilização, são alteradas as regras existentes, diminuindo a intervenção do Estado, porém garantindo um mínimo indispensável de proteção ao empregado, para que este possa sobreviver, sendo a proteção mínima necessária. A flexibilização é feita com a participação do sindicato. Em certos casos, porém, é permitida a negociação coletiva para modificar alguns direitos, como reduzir salários, reduzir e compensar jornada de trabalho, como ocorre nas crises econômicas.

Leciona Amauri Mascaro Nascimento que a desregulamentação fica adstrita ao Direito Coletivo do Trabalho. No Direito Individual do Trabalho haveria a flexibilização. No Direito Coletivo do Trabalho, a substituição da lei pela norma coletiva. Tal segmento do Direito do Trabalho seria regulado pela norma coletiva, pelo princípio da liberdade sindical, havendo ausência de leis do Estado que dificultem essa liberdade[11].

Distingue-se a flexibilização da precarização do trabalho. Nesta, há o trabalho incerto, instável e indefinido, a regulamentação insuficiente do trabalho, ou não existe qualquer regulamentação, ficando o trabalhador marginalizado. Na flexibilização deve haver a manutenção de um nível mínimo de legislação, com garantias básicas ao trabalhador e o restante seria estabelecido mediante negociação coletiva.

Na flexibilização há a adaptação a um novo contexto econômico.

---

11 NASCIMENTO, Amauri Mascaro. Novas formas contratuais de relação de trabalho. *Estudos de direito*. Homenagem ao Prof. Washington Luiz da Trindade. São Paulo: LTr, 1998, p. 146.

5

Correntes

Há pelo menos três correntes sobre a flexibilização e seus efeitos. A flexibilista, a antiflexibilista e a semiflexibilista.

A primeira corrente entende que o Direito do Trabalho passa por fases distintas. A primeira fase compreende o fato de se assegurar os direitos trabalhistas. Trata-se de uma conquista dos trabalhadores. A segunda fase diz respeito ao momento promocional do Direito do Trabalho. Concerne à terceira fase a adaptação à realidade dos fatos, como no que diz respeito às crises, o que é feito por meio das convenções coletivas, que tanto podem assegurar melhores condições de trabalho como também situações *in peius*. Num momento em que a economia está normal, aplica-se a lei. Na fase em que ela apresenta as crises, haveria a flexibilização das regras trabalhistas, inclusive para pior.

A teoria antiflexibilista mostra que a flexibilização do Direito do Trabalho é algo nocivo para os trabalhadores e vem a eliminar certas conquistas que foram feitas nos anos, a duras penas. Seria uma forma de reduzir direitos dos trabalhadores. Poderia haver agravo das condições dos trabalhadores, sem que houvesse qualquer aperfeiçoamento ou fortalecimento das relações de trabalho.

Prega a teoria semiflexibilista a observância da autonomia privada coletiva e também sua valorização plena. A flexibilização seria feita pela norma coletiva, havendo uma desregulamentação do Direito Coletivo do Trabalho, por meio das convenções ou acordos coletivos.

Sob a ótica da teoria semiflexibilista, seria possível afirmar a existência de uma norma legal mínima, estabelecendo regras básicas, e o restante seria determinado pelas convenções ou acordos coletivos.

6 Classificação

Ensina Genaro Carrió que as classificações não são verdadeiras ou falsas, mas úteis ou inúteis[1]. As classificações a seguir também não são certas ou erradas, mas úteis para mostrar a flexibilização trabalhista.

A legislação trabalhista pode ser classificada em rígida ou flexível. No sistema rígido, a intervenção estatal é acentuada, havendo pouco ou nenhum espaço para a negociação coletiva. No sistema flexível, há pouca ou nenhuma legislação, que, quando existente, apenas estabelece regras mínimas, cabendo à negociação coletiva definir as demais condições de trabalho.

Quanto à legalidade, a flexibilização pode ser:

a) legal ou autorizada: quando a própria lei permite a flexibilização trabalhista, como na redução da jornada de trabalho (art. 7º, XIII, da Constituição) e dos salários (art. 7º, VI, da Lei Magna);

b) ilegal ou ilícita: quando é feita com o objetivo de burlar a lei e os direitos dos trabalhadores.

A flexibilização também poderá ser legislada ou negociada. Em muitos países europeus é negociada, como na Bélgica, Dinamarca, Itália e Espanha. O estabelecimento de uma legislação flexível também é forma de flexibilização. É possível, nos regimes em que isso seja permitido, a flexibilização individualizada, com regras flexíveis previstas até no contrato de trabalho ou em normas que permitam a individualização da flexibilização.

---

1 CARRIÓ, Genaro. *Notas sobre derecho y lenguaje*. Buenos Aires: Abeledo Perrot, 1986, p. 99.

Quanto à fonte de direito, a flexibilização pode ser heterônoma e autônoma. A flexibilização heterônoma vem de fora da vontade das partes, como, por exemplo, do Estado, modificando um direito ou estabelecendo uma regra pior do que a anterior. É estabelecida por lei, como do trabalho temporário (Lei n. 6.019/74), vigilância (Lei n. 7.102/83). A flexibilização autônoma é feita pela vontade das partes, como no contrato de trabalho, na negociação coletiva.

Flexibilização unilateral ocorre por meio da lei ou do empregador. Flexibilização bilateral ocorre quando ambas as partes estabelecem as modificações.

No Direito Individual do Trabalho, a flexibilização seria feita pelo contrato de trabalho, pelo regulamento de empresa, mediante adaptação das regras de trabalho às condições econômicas e necessidades da empresa.

No Direito Coletivo do Trabalho, a flexibilização seria realizada por intermédio da convenção ou acordo coletivo, da greve e da cogestão.

Com respeito à finalidade, a flexibilização pode ser:

a) de proteção, visando preservar a ordem pública social, de forma a adaptar a lei à realidade dos fatos, mediante acordos derrogatórios;

b) de adaptação, em que são feitos acordos derrogatórios;

c) de desproteção, quando há a total supressão de direitos dos trabalhadores, que foram adquiridos no curso do tempo.

Quanto ao conteúdo, a flexibilização poderia ser:

a) do modelo jurídico-normativo das relações de trabalho, passando-se de um modelo legislado, como o da América Latina, para um modelo misto, como o da Europa, em que há a combinação de regras legais, que estabelecem garantias mínimas para o trabalhador e da contratação coletiva;

b) do modelo aberto, em que não há legislação trabalhista, sendo as condições de trabalho negociadas coletivamente pelas partes, como nos Estados Unidos, em que o Estado não intervém nas questões trabalhistas.

Tem-se dividido a flexibilização do trabalho em:

a) quantitativa externa, que trata da contratação do trabalhador e das facilidades com que pode ser despedido de acordo com as necessidades da empresa;

b) quantitativa interna, que engloba a utilização do tempo do empregado, como o horário de trabalho, o trabalho a tempo reduzido, a modificação da função do trabalhador;

c) flexibilização funcional, que diz respeito aos métodos ou técnicas de gestão de mão de obra em decorrência das exigências da produção.

No tocante ao objeto, compreende a flexibilização a discussão sobre a manutenção do contrato de trabalho, naquele sistema clássico de estabilidade e continuidade do contrato de trabalho; o salário e as formas de dispensa.

A flexibilização pode abranger a forma de contratação:

a) ampliação da utilização dos contratos por tempo determinado, como houve na Espanha e na Argentina;

b) terceirização, com subcontratação, empreitada, cooperativas etc.;

c) trabalho a tempo parcial;

d) divisão do posto de trabalho;

e) trabalho temporário;

f) trabalho típico e atípico, como na Alemanha.

Quanto ao tempo, a flexibilização pode ser:

a) duração do contrato de trabalho: temos as formas dos contratos abrangendo o tempo, como o de tempo determinado, trabalho temporário;

b) duração do trabalho: como no trabalho a tempo parcial (*part time*) ou no trabalho apenas em um dia ou alguns dias da semana;

c) de horário, quando se fala em *flextime* ou *flexible working hours*, prática que permite aos trabalhadores estabelecer o início e o término do horário de trabalho, visando adaptá-lo às suas necessidades pessoais.

Às vezes trabalham mais num dia, para trabalhar menos no outro. É utilizado com trabalhadores de "colarinho branco" (*white collars*).

Quanto à mobilidade, a flexibilização pode ser externa e interna.

A flexibilização externa é a possibilidade de admitir o trabalhador, de verificar a forma de contratação, se por tempo determinado ou indeterminado, ou de dispensar trabalhadores. Deve-se verificar também a organização produtiva do empregador, para saber se haverá contratações ou dispensas dos trabalhadores.

O empregador vai constatar se é melhor fazer empreitada, subempreitada, trabalho em domicílio, cooperativa de trabalho, terceirização, trabalho temporário etc.

Na flexibilização interna, irá ser analisada a mobilidade horizontal ou vertical do trabalhador. O trabalhador pode ser transferido, mudado de função, como no caso de extinção da aposentadoria por invalidez (art. 475, § 1º, da CLT), de suspensão dos efeitos do contrato de trabalho. São todas as mobilidades internas que o empregador poderá fazer para evitar, até mesmo a dispensa, de forma a adaptar a mão de obra às necessidades organizacionais da empresa. Não se afeta a continuidade do contrato de trabalho. Na mobilidade vertical, o trabalhador poderia ser promovido ou rebaixado de função. Ocorre mobilidade horizontal quando o trabalhador é transferido de um local para outro, do turno da noite para o do dia etc.

A flexibilização pode compreender os direitos dos trabalhadores:

a) compensação da jornada de trabalho, em que se passa de um módulo semanal, para 120 dias e para anual;

b) redução de salários nas crises econômicas e da empresa;

c) remuneração variável, participação nos lucros ou resultados desvinculada da remuneração;

d) suspensão do trabalho.

Pode a flexibilização dizer respeito à função do Direito do Trabalho, em que haveria uma nova redefinição da proteção do trabalhador, direcionada especificamente para determinados bens jurídicos fundamentais, como da vida, do respeito aos direitos humanos, da saúde, da integridade física. Os direitos e garantias fundamentais seriam bens indisponíveis e não poderiam ser flexibilizados, sendo bens indisponíveis e normas de ordem pública absoluta. O restante poderia ser negociado por convenções ou acordos coletivos de trabalho.

Quanto ao salário, seria aceita sua redução em épocas de crises econômicas. Fala-se que o salário deveria ter duas partes, uma fixa e outra variável, que dependeria do desempenho do trabalhador, como de participação nos lucros ou resultados, de comissões de vendas, de bônus etc., como ocorre no Japão.

Deveria também existir uma flexibilização na legislação, de forma a verificar o tamanho da empresa, se micro, pequena, média ou grande.

O potencial de estabelecimento de direitos e cumprimento de obrigações não é o mesmo numa grande empresa e numa microempresa. Esta não tem as mesmas condições financeiras da primeira. O estabelecimento de flexibilização nesse segmento deve ser feito por meio de uma política tributária e previdenciária, de forma que os encargos sociais nas pequenas empresas sejam menores do que nas grandes empresas.

A flexibilização também poderia compreender o tipo de trabalhador. Na Itália há, por exemplo, uma distinção entre as espécies de trabalhadores, como o *operario* (operário), o *impiegato* (empregado) e o *dirigente* (dirigente, diretor). Na França, é feita distinção entre os trabalhadores que recebem salário, que são os operários, que fazem esforço físico, e os que recebem ordenado, em que prepondera o esforço intelectual. Assim, também poderia haver flexibilização quanto a empregados que exercem cargo de confiança, dirigentes, chefes etc.

Flexibilização *in mellius* é para melhorar, que é o objetivo do Direito do Trabalho: melhorar as condições de trabalho.

Flexibilização *in peius*, para pior, que acontece nas crises, de diminuir ou retirar direitos trabalhistas.

Poderia, ainda, a flexibilização abranger a desregulamentação dos direitos trabalhistas, que implicaria desproteção para o trabalhador. A flexibilização poderia ter por base a adaptação das normas trabalhistas aos momentos de crises.

7 Causas

As causas da flexibilização compreendem vários fatores:

a) desenvolvimento econômico;

b) globalização;

c) crises econômicas;

d) mudanças tecnológicas;

e) encargos sociais;

f) aumento do desemprego;

g) aspectos culturais;

h) economia informal;

i) aspectos sociológicos.

O desenvolvimento econômico de cada país pode influenciar a contratação ou dispensa de trabalhadores. Se o país está em desenvolvimento, pode ocorrer a necessidade de flexibilização das regras trabalhistas para a manutenção ou criação de postos de trabalho. Nos países desenvolvidos, a tendência tem sido a flexibilização, como forma de diminuir o desemprego.

A globalização determina a competição econômica internacional. Houve a expansão do comércio internacional. A partir da década de 1960, a tendência do sistema internacional foi a competição entre as empresas. Para onde são levados os capitais, são criados empregos. Os capitais fogem de economias excessivamente regulamentadas, do ponto de vista do custo do trabalho. O mundo tem sido extremamente competitivo, para efeito da colocação dos produtos das empresas, como a concorrência entre Japão, Europa e Estados Unidos, em que se pretende colocar um produto pelo preço mais baixo possível, mas com a melhor qualidade desejada pelo consumidor.

A partir de 1973, começaram a surgir as crises econômicas, como a que ocorreu com o petróleo, aumentando os preços desses produtos. Em seguida, vieram várias outras crises, como a das bolsas de valores nos países, do dólar etc. As crises acabam sendo permanentes e cíclicas. Trouxeram as crises um agravamento do processo inflacionário nos países de um modo geral, não apenas no Brasil e nos países em vias de desenvolvimento, mas em toda a parte.

As mudanças tecnológicas ocorreram a partir da automação, com a substituição dos trabalhadores por máquinas. Tecnologia é a sistemática aplicação da ciência a tarefas de ordem pública[1]. Uma máquina faz o serviço de vários trabalhadores ao mesmo tempo. Não reclama, não fica doente nem falta, trabalha no frio ou no calor, no escuro ou no claro etc. Com a automação, são necessários menos trabalhadores para fazer as mesmas tarefas anteriormente desenvolvidas.

Quando os encargos sociais são altos, dificultam a contratação de trabalhadores, pretendendo-se estabelecer flexibilização de certas condições de trabalho, até dos próprios encargos sociais. Se não houvesse a rigidez legal dos encargos sociais, talvez fosse possível a contratação de mais trabalhadores. Os desempregados também têm maior dificuldade de nova contratação pela rigidez da legislação. A carga tributária excessiva incidente sobre as empresas é suscetível de afetar sua competitividade num contexto global. Entretanto, no sistema brasileiro, as contribuições têm natureza tributária (art. 149 da Constituição), só podendo ser modificadas por lei (art. 150, I, da Lei Maior) e não por norma coletiva.

Os aspectos sociológicos mostram que a estrutura da legislação trabalhista foi determinada em razão do trabalho na indústria. Com a mudança do trabalho para os serviços ou para o setor terciário, houve necessidade de criação de novas situações e nova legislação para adaptação do contrato clássico de trabalho que era feito na indústria.

Há aspectos culturais a analisar, pois a mulher ingressa no mercado de trabalho e passa a desenvolver o trabalho realizado pelos homens, causando também o desemprego, já que anteriormente não trabalhava. As

---

[1] GALBRAITH, John Kenneth. *The new industrial state*. Londres: Hamilton, 1962, p. 12.

pessoas dos países mais desenvolvidos passam a ingressar no mercado de trabalho mais tarde, pela necessidade de terem melhor formação escolar.

Houve uma migração das pessoas da área rural para o âmbito urbano. Inicialmente havia muitas pessoas trabalhando na área rural, que passaram a prestar serviços no setor industrial. Posteriormente há a transferência do setor industrial para o setor de serviços. Neste começa a surgir um campo muito grande na área de informática.

A existência da economia informal ocorre pela rigidez da legislação trabalhista. No Brasil, o empregador ou contrata o trabalhador com todos os direitos ou simplesmente não o registra e o coloca na informalidade.

O aumento do desemprego também é causado, entre outras hipóteses, pela rigidez da legislação trabalhista. Daí se pretender flexibilizar a relação de trabalho para a diminuição do desemprego, a eliminação de horas extras, o trabalho a tempo parcial, a divisão do posto de trabalho etc.

O Direito do Trabalho, de modo geral, é extremamente rígido, de forma a estabelecer uma proteção à parte mais fraca da relação trabalhista, que é o empregado, o hipossuficiente. Em razão dessa rigidez, acaba criando um efeito inverso. Em vez de proteger, acaba desprotegendo, porque o trabalhador é colocado à margem do sistema legal.

As crises econômicas, a globalização das economias, a automação são situações que não se identificam com a rigidez da legislação trabalhista. Ao contrário, esta acaba atrapalhando ou até impedindo a maleabilização das relações trabalhistas para enfrentar aquelas situações. Daí a necessidade da flexibilização, de forma a poder adaptar a situação, de fato, mediante norma estabelecida pelas próprias partes, assegurando um mínimo obrigatório e que deve estar previsto em lei.

Diante da realidade atual, não se pode admitir legislação rígida e outros procedimentos que estabeleçam emprego vitalício, trabalho a tempo integral, jornada inflexível etc.

Pode-se afirmar que "o discurso da flexibilidade plantou-se na perspectiva de uma revisão da natureza e da função do Direito do Trabalho"[2]. Assevera Antonio de Lemos Monteiro Fernandes que:

---

2 FERNANDES, Antonio de Lemos Monteiro. A "flexibilidade" em direito do trabalho. *Revista do Tribunal Regional do Trabalho da 8ª Região*, Belém, p. 14, jan./jun. 1988.

> o modelo dito "clássico" dos ordenamentos laborais, baseado na identificação de um arquétipo relacional como o vínculo empregatício, e inspirado na necessidade social de tutela da parte mais fraca nesse esquema contratual, é um modelo sitiado pelo adensamento de novas realidades socioeconômicas, e colocado numa "crise de identidade" manifesta[3].

A função do Direito do Trabalho não é apenas proteger o trabalhador; ele precisa verificar também a possibilidade econômica da empresa e as necessidades do empregado. O binômio necessidade/possibilidade deve ser observado, como ocorre no Direito Civil, mais especificamente em relação a alimentos, em que o juiz, ao fixar os alimentos, deve constatar as possibilidades econômicas de quem vai prestá-los em relação às necessidades do alimentado. O empregador não pode dar mais do que pode pagar. O empregado precisa de algo mínimo, básico para sobreviver e para observar o princípio da dignidade da pessoa humana e os valores sociais do trabalho.

Acima de tudo, porém, deve-se estabelecer uma forma de assegurar o bem comum e a justiça social, como indica o art. 5º da Lei de Introdução às Normas do Direito Brasileiro, em que, na aplicação da lei, o juiz atenderá aos fins sociais a que ela se dirige e às exigências do bem comum. A legislação tem de se adaptar à própria continuidade da empresa, para que esta possa continuar oferecendo empregos aos trabalhadores. Estabelecer legislação extremamente rígida implicaria a extinção das empresas e, por consequência, dos empregos.

Os trabalhadores do mercado informal, porém, não podem ficar mais desprotegidos do que já o são. É necessário elaborar um sistema de forma a inseri-los no mercado de trabalho formal e não a excluí-los.

Verifica-se que as causas mencionadas estão inter-relacionadas, compreendendo alguns ou vários aspectos ao mesmo tempo e justificando a tentativa da flexibilização.

---

3 FERNANDES, Antonio de Lemos Monteiro. Op. cit., p. 11.

8 Tendências

A tendência da flexibilização é decorrência do surgimento das novas tecnologias, da informática, da robotização, que mostram a passagem da era industrial para a pós-industrial, revelando uma expansão do setor terciário da economia. Assim, deveria haver uma proteção ao trabalhador em geral, seja ele subordinado ou não, tanto o empregado como também o desempregado. É nesse momento que começam a surgir contratos distintos da relação de emprego, como contratos de trabalho a tempo parcial, de temporada, de estágio etc.

A flexibilização das normas do Direito do Trabalho visa assegurar um conjunto de regras mínimas ao trabalhador e, em contrapartida, a sobrevivência da empresa, por meio da modificação de comandos legais, procurando outorgar aos trabalhadores certos direitos mínimos e ao empregador a possibilidade de adaptação de seu negócio, mormente em épocas de crise econômica.

Para fiscalizar a flexibilização, essa maleabilidade, é que o sindicato passa a deter papel principal, ou seja, na participação das negociações coletivas que irão conduzir ao acordo ou à convenção coletiva de trabalho, de modo a permitir também a continuidade do emprego do trabalhador e a sobrevivência da empresa, assegurando um grau de lucro razoável à última e certas garantias mínimas ao trabalhador. É uma forma de adaptação das normas vigentes às necessidades e conveniências de trabalhadores e empresas.

Inicialmente, a norma coletiva tratava de condições de trabalho. Na Europa, nos anos 1980, passou a reduzir direitos e adaptar as empresas às crises econômicas.

Como tendências da flexibilização, há:

a) aumento da utilização dos contratos atípicos;

b) instituição de outras formas de contratos por tempo determinado e a tempo parcial;

c) contratação de trabalhadores em domicílio e de estagiários;

d) modificação do módulo semanal de trabalho para anual;

e) subcontratação;

f) trabalho informal.

Uma das consequências da flexibilização é a necessidade da revisão dos sistemas de seguridade social, em razão do desemprego.

9 Formas de Flexibilização

As formas de flexibilização podem ser:

1) da remuneração;

2) da jornada de trabalho;

3) da contratação;

4) do tempo de duração do contrato;

5) da dispensa do trabalhador.

Em relação à remuneração, o salário pode ser reduzido em determinadas condições.

A jornada de trabalho pode ser em tempo integral ou parcial. Pode ser feita sob a forma de horas extras ou compensada para não se prestar serviços em outros dias da semana.

A forma de contratação pode ser por vários tipos de contratos, como o trabalho temporário, trabalho em domicílio, subcontratação, contrato de formação, contrato para admissão de jovens etc. Em certos casos, a dispensa pode ser socialmente justificada, como na Alemanha ou por determinado motivo, como se constata na Convenção n. 158 da OIT.

O tempo da duração do contrato pode ser por tempo determinado ou indeterminado. A regra é a contratação por tempo indeterminado, com sanções econômicas para a dispensa do trabalhador.

Podem existir certos sistemas em que a dispensa do trabalhador seja mais flexível, como da diminuição da indenização da dispensa ou de certos direitos que só surgem com a dispensa, como, por exemplo, o aviso prévio.

Outros aspectos de flexibilização ainda podem ser examinados, como quanto a temas específicos:

a) contrato por tempo determinado;

b) trabalho temporário;

c) contrato de trabalho em domicílio;

d) contrato a tempo parcial;

e) horário flexível;

f) suspensão dos efeitos do contrato de trabalho para qualificação profissional;

g) subcontratação;

h) contrato de formação;

i) contrato de solidariedade;

j) *Kapovaz*;

k) *job sharing*.

Vou tratá-los em capítulos separados.

10 Contrato de Trabalho por Tempo Determinado

10.1 Introdução

Em razão das crises econômicas e do desemprego, o contrato de trabalho de tempo determinado volta a ser utilizado nas legislações. É uma forma menos onerosa para o empregador quando do término do pacto laboral, pois a empresa não paga indenização de 40% sobre os depósitos do FGTS nem aviso prévio.

A indenização de 40% é uma forma de trazer um ônus econômico às dispensas feitas pelos empregadores, tentando evitar ou diminuir o número de dispensas.

Considera o § 1º do art. 443 da CLT como de tempo determinado o contrato de trabalho cuja vigência dependa de termo prefixado ou da execução de serviços especificados, ou ainda da realização de certo acontecimento suscetível de previsão aproximada.

Dispõe o § 2º do art. 443 da CLT que o contrato por tempo determinado só será válido em se tratando:

a) de serviço cuja natureza ou transitoriedade justifique a predeterminação do prazo;

b) de atividades empresariais de caráter transitório;

c) de contrato de experiência.

São, ainda, contratos de trabalho de tempo determinado: os contratos de safra (art. 14 da Lei n. 5.889/73) e de temporada.

Na França, há contratos para atividades sazonais, por estação (art. L. 1.244-2 do Código de Trabalho). Na Itália, havia previsão de tais contratos apenas para o turismo, teatro e hotelaria, sendo ampliados para toda atividade econômica (art. 8º da Lei n. 79/83).

A Lei n. 2.959, de 17 de novembro de 1956, versa sobre o contrato por obra certa ou serviço certo. Trata-se, também, de um contrato de tempo determinado. É celebrado por empresa de construção civil pelo período da obra, porém não pode ser pactuado por mais de dois anos, que é a regra geral contida no art. 445 da CLT. Mesmo com o término normal do contrato, o empregado tem direito à indenização de 70% da maior remuneração percebida na empresa, desde que tenha mais de 12 meses de serviço (art. 2º).

Certas legislações são expressas em estabelecer o contrato por tempo determinado para a construção civil, que é o contrato por obra certa, como no Canadá e na Itália, em que ele é possível para cada fase da obra e também para a construção naval. Em Portugal, é possível a utilização desse pacto em obras públicas ou privadas, para montagens e reparações industriais.

O contrato de aprendizagem também é um pacto de tempo determinado. A duração máxima da aprendizagem é de dois anos (art. 445 da CLT). Se passar desse período, será considerado de tempo indeterminado, ainda que diga respeito a aprendizagem. O contrato de aprendizagem é uma forma de flexibilização em relação à alíquota do FGTS, que é de 2%. É inferior à normal, que é de 8%.

Lei de incentivo ao primeiro emprego deveria conceder redução de encargos sociais, diminuindo burocracias.

Na França, o contrato de experiência é um período de prova, rescindível a qualquer momento e sem o pagamento de indenização e aviso prévio. Tem duração prevista nos contratos coletivos de trabalho, sendo máxima de um mês nos contratos por tempo determinado com os quais a experiência é compatível, de um mês para operários, de dois meses para empregados e de três a seis meses para altos empregados.

Na Espanha, os contratos de experiência são dependentes de acordos individuais ou de convenção coletiva (art. 7º do Real Decreto n. 2.104/84).

Entretanto, o contrato de trabalho por tempo determinado não pode constituir a regra, sob pena da descontinuidade do contrato de trabalho, mas a exceção. Devem ser observadas as regras legais para a contratação por tempo determinado, que estabelecem limitações e condições para esse fim.

Em muitas legislações, como a brasileira, o contrato de trabalho de tempo determinado só pode ser prorrogado por uma única vez (art. 451 da CLT), visando evitar fraudes por parte do empregador.

10.2 Contrato de trabalho de prazo determinado da Lei n. 9.601/98

10.2.1 Introdução

O contrato de trabalho por tempo determinado foi aprovado pela Lei n. 9.601, de 21-1-1998, depois de intensos debates sobre o tema.

A Lei n. 9.601/98 foi o resultado do aperfeiçoamento e da legalização dos procedimentos determinados numa norma coletiva celebrada entre o Sindicato dos Metalúrgicos de São Paulo com algumas empresas, visando diminuir custos trabalhistas. A referida norma permitia a contratação de empregados sem registro em carteira, reduzindo encargos sociais previstos em lei.

O Ministério Público do Trabalho ajuizou, em 15-2-1996, medida cautelar inominada (Proc. n. 67/96-P), pretendendo anular cláusulas da norma coletiva acima citada. O Presidente do TRT da 2ª Região concedeu liminar suspendendo várias cláusulas da norma coletiva. Posteriormente, foi proposta ação anulatória n. 0067/96-A, que foi acolhida.

O TRT da 2ª Região considerou a norma coletiva contrária à CLT e à legislação vigente. Os encargos sociais não poderiam ser modificados por norma coletiva, apenas por lei, dada sua natureza tributária.

A ementa do acórdão foi a seguinte:

> ... O sistema jurídico constitucional estabelece as normas e regras que devem ser seguidas, inclusive, quanto à flexibilização de direitos e deveres. Viola a Constituição e a Lei pacto ajustado entre as partes que atinge direitos indisponíveis e irrenunciáveis, a pretexto de se flexibilizar a relação de trabalho. A segurança das relações jurídicas

> e da própria sobrevivência do estado de direito impõe o cumprimento irrestrito dos mandamentos constitucionais elencados no art. 7º da Lei Maior, que constituem regra de mínimo – Ação Anulatória que se julga procedente para desconstituir disposições ilegais contidas no contrato (Ac. un. da SDC do TRT da 2ª R., Ação Anulatória 67/96-A, Rel. Juiz Nelson Nazar, j. 23-9-1996, *DJ*-SP II, 4-10-1996, p. 47).

O governo enviou ao Congresso Nacional projeto de lei tentando regularizar as situações previstas naquela norma coletiva e que eram ilegais.

Os objetivos do governo, ao enviar ao Congresso Nacional o projeto que deu origem à Lei n. 9.601/98, foram de diminuir o desemprego e legalizar a situação informal de certos trabalhadores, que eram contratados sem carteira assinada.

Foi o projeto modificado no curso do processo legislativo. O Senado aprovou o projeto do governo na sessão de 13-1-1998, dando origem à Lei n. 9.601/98, sendo sancionado pelo presidente Fernando Henrique com um veto. Na Câmara, o projeto foi aprovado por maioria de 21 votos. No Senado, foram 51 votos favoráveis e 23 contrários.

Irei analisar a Lei n. 9.601/98 quanto ao contrato de trabalho por tempo determinado, seus requisitos, sua prorrogação, as empresas com até 20 empregados, a garantia de emprego de empregados contratados com base na referida lei, a indenização pela ruptura antecipada do contrato, a redução de encargos, o FGTS, o depósito da norma coletiva, as multas.

Ao final, irei trazer a conclusão genérica a respeito da Lei n. 9.601/98.

10.2.2 Denominação

Na prática, o pacto em estudo tem sido chamado de contrato de trabalho temporário ou contrato de trabalho provisório. Tem sido usada essa denominação talvez para justificar a provisoriedade da validade do referido pacto.

Essa denominação, entretanto, é incorreta. A ementa da Lei n. 9.601/98 indica que o seu conteúdo trata de "contrato de trabalho por prazo determinado". O art. 1º da Lei n. 9.601/98 também dispõe que "as convenções e os acordos coletivos de trabalho poderão instituir **contrato**

de trabalho por prazo determinado, de que trata o art. 443 da CLT". Esse artigo versa realmente sobre as hipóteses de contrato de trabalho por prazo determinado.

A Lei n. 6.019/74 é que dispõe sobre o contrato de trabalho temporário, celebrado entre a empresa tomadora ou cliente e a empresa de trabalho temporário.

Assim, a Lei n. 9.601/98 instituiu outra espécie de contrato de trabalho por tempo determinado, com requisitos próprios, distintos em parte dos previstos na CLT. Não corresponde, portanto, ao contrato de trabalho temporário previsto na Lei n. 6.019/74.

O ideal não seria utilizar a expressão *contrato de trabalho por prazo determinado*, que é pleonástica, pois prazo quer dizer tempo fixo e determinado. O melhor é empregar a expressão *contrato de duração determinada ou por tempo determinado.*

10.2.3 Conceito

10.2.3.1 Conceito

Contrato de trabalho por tempo determinado é o pacto dependente de termo certo, da execução de serviços especializados ou de acontecimento suscetível de previsão aproximada.

É o contrato de trabalho por tempo determinado, estabelecido na Lei n. 9.601/98, uma espécie de contrato laboral de termo certo, com algumas características diferenciadas das previstas na CLT. O art. 1º da Lei n. 9.601/98 é claro no sentido de que o contrato instituído pela referida norma é derivado do art. 443 da CLT. Apenas algumas das regras dos contratos de trabalho por tempo determinado especificadas na CLT não lhe são aplicáveis

10.2.3.2 Distinção

Distingue-se o contrato de trabalho por tempo determinado da Lei n. 9.601/98 do contrato de trabalho temporário, que é disciplinado na Lei n. 6.019/74.

O contrato de trabalho temporário é uma relação que abrange três pessoas: a empresa de trabalho temporário, o trabalhador temporário e a empresa tomadora dos serviços ou cliente. É representado na figura a seguir, que compreende uma relação triangular:

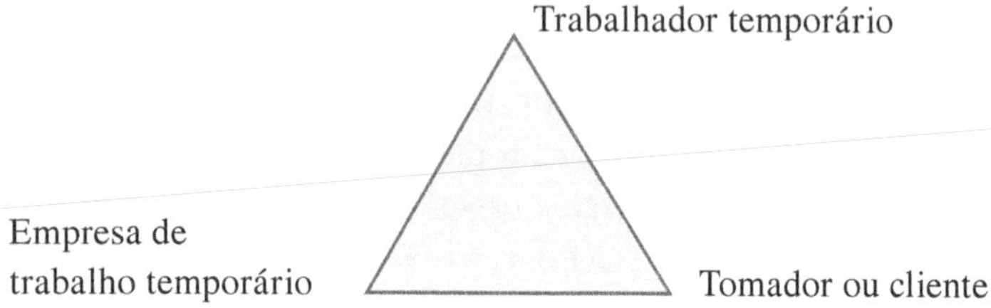

A empresa de trabalho temporário coloca o trabalhador temporário na empresa tomadora ou cliente por um período máximo de 180 dias. Os direitos do trabalhador temporário são especificados no art. 12 da Lei n. 6.019/74. O contrato de trabalho temporário necessariamente tem de ser celebrado por escrito. O trabalhador temporário é empregado da empresa de trabalho temporário. O trabalho é prestado para a empresa de trabalho temporário. Irá o trabalhador temporário substituir pessoal regular da tomadora.

O contrato de trabalho por tempo determinado previsto na Lei n. 9.601/98 abrange apenas duas pessoas: o empregado e o empregador. Inexiste relação triangular. O prazo máximo de duração do referido pacto é de dois anos. Os direitos do empregado são previstos na CLT e legislação especial. O trabalhador é empregado da própria empresa, não prestando serviços nas dependências de terceiros. O empregado contratado nos moldes da Lei n. 9.601/98 não substituirá pessoal regular do empregador.

Não se confunde o contrato de trabalho temporário com o contrato de experiência. Este é fixado em dias; no máximo, pode ser celebrado por 90 dias. O contrato de trabalho temporário é firmado por 180 dias, consecutivos ou não, podendo ser prorrogado por mais 90 dias, consecutivos ou não.

A lei do contrato de trabalho por tempo determinado é positiva no sentido de permitir maior flexibilização das relações trabalhistas, de modo a adaptar a atual realidade do mercado de trabalho, dando respaldo legal às contratações de empregados e diminuição de encargos sociais, principalmente de pessoas que estavam no mercado informal.

Havia, porém, necessidade da edição de uma norma mais flexível, pois as empresas vinham substituindo os empregados por máquinas e aumentando a sua produtividade, sem necessitar contratar novos trabalhadores. Assim, o que se tem verificado é que as empresas estão diminuindo o contingente dos seus empregados, pois as máquinas conseguem maior produtividade que o empregado e não reclamam salário, horas extras, férias etc.

A Lei n. 9.601/98 não viola a Constituição ao prever forma de flexibilização dos direitos trabalhistas. Os direitos previstos no art. 7º da Lei Maior são direitos mínimos. Nada impede que a norma coletiva trate de direitos trabalhistas diversos dos previstos como mínimos ou melhore estes.

Não são apenas as hipóteses dos incisos VI, XIII e XIV do art. 7º da Constituição em que é permitida a instituição da flexibilização de direitos.

O inciso XXVI do art. 7º da Lei Magna reconhece as convenções e os acordos coletivos e, portanto, o seu conteúdo. Nada impede que por convenção ou acordo coletivo sejam flexibilizados direitos dos trabalhadores, desde que obedeça à Constituição e à lei, quando prescreve direitos mínimos.

Os incisos VI, XIII e XIV do art. 7º da Constituição não são hipóteses taxativas, mas meramente exemplificativas.

A Lei n. 9.601/98, quando delega à convenção ou ao acordo coletivo o estabelecimento das regras do contrato por tempo determinado, vem prestigiar a necessidade de menor intervenção do Estado nas relações trabalhistas, deixando que a negociação coletiva trate dos direitos trabalhistas e permita, em épocas de crise, a flexibilização das regras laborais.

10.2.4 Regulamentação e vigência

10.2.4.1 Regulamentação

Foi regulamentada a Lei n. 9.601/98 pelo Decreto n. 2.490, de 4-2-1998, atendendo à determinação do art. 8º da primeira norma, de que o Poder Executivo regulamentaria a citada lei no prazo de trinta dias a contar da data de sua publicação. O decreto foi publicado no *Diário Oficial*, em 5-2-1998.

A regulamentação da lei tem fundamento no inciso IV do art. 84 da Constituição, que dispõe ser de competência privativa do presidente da República "expedir decretos e regulamentos" para o fiel cumprimento da lei.

O Decreto n. 2.490/98 tem natureza de regulamento de execução, com o objetivo de esclarecer a lei. Não poderá, porém, ir além da lei, pois, nesse caso, seria ilegal.

O regulamento também não pode ficar transcrevendo os dispositivos da lei, pois do contrário será completamente inútil. Nesse ponto, o Decreto n. 2.490/98 copia certos dispositivos da Lei n. 9.601/98, não tendo nenhuma utilidade prática.

Nem todos os dispositivos da Lei n. 9.601/98 precisariam ser regulamentados, pois são autoaplicáveis. Talvez o que deva ser esclarecido melhor é como aplicar as médias. Com exceção do § 4º do art. 4º da Lei n. 9.601/98, nada precisa ser efetivamente regulamentado, apenas o citado preceito dispõe que o Ministro do Trabalho disporá sobre as variáveis a serem consideradas e a metodologia de cálculo das médias aritméticas mensais.

No período que vai de 22-1-1998 a 4-2-1998, as empresas não estão impedidas da contratação sob a forma da Lei n. 9.601/98, pois esta entra em vigor na data da sua publicação, independendo do regulamento para ter validade. Como já foi dito, o único dispositivo que necessita de regulamentação é o § 4º do art. 4º da Lei n. 9.601/98.

10.2.5 Vigência

A Lei n. 9.601/98 entra em vigor na data da sua publicação, ou seja, em 22-1-1998. O fato de o art. 8º da Lei n. 9.601/98 dar 30 dias de prazo para que o Poder Executivo a regulamente não quer dizer que a sua vigência é a contar da regulamentação. Ao contrário, a vigência da norma é contada de sua publicação, isto é, em 22-1-1998. A partir dessa data é que começa a contar o prazo de 60 meses para a redução de encargos sociais.

Em 22-1-2003 perde a vigência o art. 2º da Lei n. 9.601/98, que trata da redução de encargos sociais, mas não dos demais dispositivos da lei, que permanecem em vigor.

10.2.6 *Contratação*

No Direito do Trabalho, a regra é a contratação por prazo indeterminado. A exceção seria a contratação por tempo determinado, como ocorre na hipótese da Lei n. 9.601/98.

Dispõe o art. 1º da Lei n. 9.601/98 que a contratação do pacto por tempo determinado pode ser feita em relação a qualquer atividade da empresa, como dos seus estabelecimentos. É usada a conjunção "ou", que indica alternatividade. O parágrafo único do art. 3º da Lei n. 9.601/98 também faz referência a estabelecimento. A contratação poderá ser feita tanto em relação à empresa, como quanto ao seu estabelecimento. Poderia ser utilizada a contratação temporária em um estabelecimento da empresa e em outro não.

Estabelecimento tem aqui sentido genérico, de filial, sucursal, agência, canteiro de obras, de unidade da empresa, isto é, de outro local, além da matriz, em que a empresa desenvolve suas atividades. Não há necessidade de que o estabelecimento tenha CNPJ para caracterizar a divisão da empresa, visando ao cálculo da média a que se refere o art. 3º da Lei n. 9.601/98. A lei não dispõe dessa forma.

Reza o art. 1º da Lei n. 9.601/98 que a contratação pode ser feita em qualquer atividade. Isso quer dizer que tanto poderá ser feita a contratação na atividade-meio da empresa, como em sua atividade-fim.

Na área rural também poderá ser feita a contratação por prazo determinado com base na Lei n. 9.601/98, pois esta é expressa no sentido de que pode ser feita em qualquer atividade. Poderá ser feita a contratação por tempo determinado até nos contratos de safra, pois não há proibição nesse sentido na lei.

Assim, a contratação poderá ser realizada tanto no comércio, quanto na indústria, nos serviços, no âmbito rural, nos bancos etc.

Não se aplica, porém, a Lei n. 9.601/98 ao empregador doméstico, que não é empresa, nem tem estabelecimento.

Para o contrato de trabalho por tempo determinado não são exigidas as condições especificadas no § 2º do art. 443 da CLT. O art. 1º da Lei n. 9.601/98 é expresso em excluir do novo contrato por tempo determinado os referidos requisitos, disciplinando que, independentemente das condições previstas no citado § 2º do art. 443 da CLT, poderá ser feita a contratação por tempo determinado. Assim, não será preciso que o contrato de trabalho por tempo determinado seja feito apenas para serviço cuja natureza ou transitoriedade justifique a predeterminação do prazo ou em razão de atividades empresariais de caráter transitório. Isso se justifica porque a nova lei pretende atingir uma situação temporária de desemprego, decorrente da globalização. Agora, é possível a contratação por tempo determinado em qualquer hipótese, sem que haja a observância das condições determinadas no § 2º do art. 443 da CLT.

Com a Lei n. 9.601/98 há, portanto, uma hipótese distinta da prevista no art. 443 da CLT para a contratação de trabalhadores por tempo determinado.

Não entendo que há inconstitucionalidade da lei em razão de que uns empregados da empresa terão contrato por tempo determinado e outros, indeterminado. Aqui, a questão é de contratação. Inexiste violação ao princípio da isonomia pelo fato de que a Lei n. 9.601/98 não exige a motivação da contratação, como ocorre no § 2º do art. 443 da CLT ou no art. 9º da Lei n. 6.019/74, pois a regra prevista na Lei n. 9.601/98 tem vigência temporária de 60 meses para a redução de encargos sociais, de forma a proporcionar a contratação de trabalhadores, minorando os efeitos do desemprego. De certa maneira, a Lei n. 9.601/98 atende ao inciso VIII do art. 170 da Constituição, visando à busca do pleno emprego, ainda que em contrato por tempo determinado.

Não se pode dizer que a Lei n. 9.601/98 é inconstitucional, por violar o inciso I do art. 7º da Constituição, visto que não se está tratando de garantia de emprego, de relação de emprego protegida contra dispensa arbitrária ou sem justa causa, nem de estabilidade, mas apenas de contrato de trabalho por tempo determinado, que inclusive tem previsão na própria CLT.

Foram propostas várias ações diretas de inconstitucionalidade contra a Lei n. 9.601/98 por diversos partidos políticos. O STF não concedeu liminar suspendendo qualquer artigo da Lei n. 9.601/98. Isso significa que provavelmente o entendimento final do STF será de que a referida norma atende os requisitos constitucionais.

O § 1º do art. 1º da Lei n. 9.601/98 dispõe expressamente que a contratação é feita mediante convenção ou acordo coletivo. Não usa a expressão *acordo* ou *convenção coletiva*, que poderia indicar que o acordo é individual. Nesse caso, o acordo é coletivo e não individual. Para a validade do contrato por tempo determinado, a contratação coletiva com o sindicato passa a ser imprescindível, isto é, a contratação deve ser feita mediante convenção ou acordo coletivo. Não será possível a contratação individual. O melhor será a contratação por acordo coletivo, pois no acordo são atendidas as peculiaridades de cada empresa, enquanto na convenção coletiva há a contratação com a categoria toda, sem se fazerem as distinções peculiares entre cada empresa.

Para a validade do ato jurídico (art. 104 do Código Civil), que é a contratação com base na Lei n. 9.601/98, é requisito essencial a contratação com o sindicato. Não havendo a participação do sindicato, o contrato de trabalho acertado entre as partes será considerado por tempo indeterminado.

O fato de as partes não estabelecerem multa por rescisão antecipada do contrato não dá ensejo à nulidade do pacto. Ao contrário, contrato celebrado sem fundamento em norma coletiva tem nulidade formal.

Em se tratando de empregado pertencente a categoria diferenciada, as contratações devem ser feitas com o sindicato de trabalhadores da categoria diferenciada e não da atividade preponderante da empresa. Dessa forma, se uma empresa metalúrgica vai contratar motoristas, deverá fazer a negociação coletiva com o sindicato dos motoristas e não dos metalúrgicos.

Inexistindo sindicato, a federação deveria assumir os entendimentos para a formalização da convenção ou do acordo coletivo. Na falta de sindicato e federação, a confederação assumiria as negociações (§ 2º do art. 611 da CLT).

Os empregados de uma ou mais empresas que decidirem celebrar acordo coletivo de trabalho com as respectivas empresas darão ciência de sua resolução, por escrito, ao sindicato representativo da categoria profissional, que terá o prazo de oito dias para assumir a direção dos entendimentos entre os interessados, devendo igual procedimento ser observado pelas empresas interessadas com relação ao sindicato da respectiva categoria econômica (art. 617 da CLT).

Expirado o prazo de oito dias sem que o sindicato se tenha desincumbido do encargo recebido, poderão os interessados dar conhecimento do fato à federação a que estiver vinculado o sindicato e, em falta dessa, à correspondente confederação, para que, no mesmo prazo, assuma a direção dos entendimentos. Esgotado esse prazo, poderão os interessados prosseguir diretamente na negociação coletiva até o final (§ 1º do art. 617 da CLT).

O art. 617 da CLT faz referência a empregados e interessados. Os candidatos ao emprego são interessados, mas não são empregados. Poderão vir a ser. Como interessados, poderão conduzir as negociações, mas não na condição de empregados, que ainda não possuem.

Para a realização de convenção ou acordo coletivo, será preciso assembleia geral, sendo o *quorum* das votações o previsto no art. 612 da CLT. Para a realização de convenção coletiva, serão necessários, em primeira convocação, 2/3 dos associados da entidade. Para o acordo coletivo, o *quorum* será de 2/3 dos interessados, em primeira convocação. Em segunda convocação, tanto para o acordo como para a convenção coletiva, o *quorum* será de 1/3 dos membros. Nas entidades sindicais que tenham mais de 5.000 associados, o *quorum* de comparecimento e votação será de 1/8 dos associados, em segunda convocação. O limite máximo de prazo da convenção ou acordo coletivo será de dois anos (§ 3º do art. 614 da CLT).

De acordo com o Memo Circular SRT n. 004/98 e 005/98 e o Parecer SRT de 29-4-1998, o Ministério do Trabalho entende que para o acordo coletivo não se exige assembleia e para a convenção coletiva é necessária a assembleia, para a celebração do contrato de trabalho por tempo determinado.

Quando o sindicato, a federação ou a confederação se desinteressarem pela celebração de acordo, poderão os interessados assumir as negociações; porém, haverá também necessidade de realização de assembleia geral (§ 2º do art. 617), tanto para os sindicalizados como para os não associados do sindicato.

A Lei n. 9.601/98 não trata do tema assembleia geral para a celebração do contrato de trabalho por tempo determinado. Logo, deve-se observar o art. 612 da CLT, que trata do tema, não trazendo qualquer exceção.

Na hipótese de ficar frustrada a negociação coletiva ou as partes não quiserem resolver a questão por arbitragem, entendo que é perfeitamente cabível a apresentação de dissídio coletivo perante a Justiça do Trabalho, com fundamento nos parágrafos do art. 114 da Constituição. A condição da ação prevista na Lei Maior foi observada, autorizando a propositura do dissídio coletivo.

Será possível também a utilização do dissídio coletivo se o sindicato recusar-se a negociar, como tem ocorrido com certos sindicatos ligados à CUT, que são contrários às determinações da Lei n. 9.601/98. Frustrada a negociação coletiva, o caminho é o dissídio coletivo (§ 2º do art. 114 da Constituição).

O art. 616 da CLT mostra que os sindicatos não podem recusar-se à negociação coletiva. Verificando-se a recusa à negociação coletiva, cabe aos sindicatos ou empresas interessadas dar ciência do fato, conforme o caso, à DRT para convocação compulsória dos sindicatos ou empresas recalcitrantes. No caso de persistir a recusa à negociação coletiva, pelo desatendimento às convocações feitas pela DRT ou se malograr a negociação entabulada, é facultada aos sindicatos ou às empresas interessadas a instauração de dissídio coletivo (§ 2º do art. 616 da CLT).

Entretanto, o entendimento do TST talvez seja de que se deve esgotar a negociação coletiva, não sendo admissível a imposição de regras de contratação por meio de dissídios coletivos. Situação semelhante é o entendimento do TST sobre a participação nos lucros ou resultados, que não pode ser imposta por meio de dissídio coletivo.

O contrato de trabalho por tempo determinado previsto na Lei n. 9.601/98 não pode ser aplicado a funcionários públicos, pois para estes não são observadas as convenções ou acordo coletivos, em razão de que o § 3º do art. 39 da Constituição não faz referência ao inciso XXVI do art. 7º da mesma norma. Entretanto, a Lei n. 9.601/98 pode ser observada em relação às empresas públicas e sociedades de economia mista, que têm de obedecer a legislação trabalhista, desde que seus empregados prestem concurso público (art. 37, II, da Constituição).

A contratação feita com base no art. 1º da Lei n. 9.601/98 tem por base a admissão de trabalhadores que representem acréscimo no número de empregados. Isso quer dizer que a empresa não poderá dispensar um trabalhador contratado por tempo indeterminado para contratar outro para a mesma função por tempo determinado, salvo se for observada a média prevista no art. 34 da Lei n. 9.601/98. Na prática, isso é que provavelmente irá acontecer, arcando a empresa com o seu ato, pois a contratação feita nesse sentido será considerada nula, por não atender à parte final do art. 1º da Lei n. 9.601/98.

O parágrafo único do art. 1º do Decreto n. 2.490/98 dispõe que é vedada a contratação de empregados por tempo determinado para substituição de pessoal regular e permanente contratado por tempo indeterminado. A determinação do regulamento é correta, porém não é prevista expressamente na lei. Se o art. 1º da Lei m. 9.601/98 dispõe que pode ser feita a contratação em qualquer atividade desenvolvida pela empresa ou pelo estabelecimento, independentemente dos requisitos previstos no § 2º do art. 443 da CLT, a determinação do decreto é ilegal, pois vai além do disposto na lei.

Assim, a contratação temporária poderá ser feita para substituição de pessoal regular e permanente contratado por tempo indeterminado, pois não há vedação na lei nesse sentido. Dentro da regra de que o que não é proibido é permitido, pode ser realizada a contratação pela empresa de empregados por prazo determinado para substituir o seu pessoal regular e permanente. O empregador apenas terá de observar os porcentuais descritos no art. 3º da Lei n. 9.601/98.

Inobservados os porcentuais previstos no citado artigo e a necessidade de acréscimo no número de empregados, será ilegal a contratação de trabalhadores por tempo determinado para substituir o pessoal regular e permanente da empresa. Esta, porém, deverá tomar cuidado em relação ao procedimento de contratar pessoal com base na Lei n. 9.601/98 para substituir seus funcionários permanentes, pois o entendimento da fiscalização será o contido no Decreto n. 2.490/98, podendo ser autuada pelo auditor fiscal do trabalho.

Na contratação feita por tempo determinado com base na Lei n. 9.601/98, deverá o empregado ser registrado desde o primeiro dia do ajuste de vontades entre as partes, pois a lei não dispõe que o obreiro deixará de ser registrado. Aqui, a regra geral a ser aplicada é a do art. 29 da CLT, que determina que o empregador deve anotar a CTPS do empregado em 48 horas.

Correta a determinação do decreto no sentido de que o empregador deve anotar na CTPS do trabalhador a condição de contratado por tempo determinado, indicando a lei de regência (Lei n. 9.601/98), discriminando a sua remuneração em separado na folha de pagamento dos empregados, porque os encargos serão diferenciados. A exigência da anotação da condição de contrato por tempo determinado é decorrente da parte final do art. 29 da CLT, que dispõe que as condições especiais devem ser anotadas na CTPS do obreiro. A condição especial seria justamente a contratação por tempo determinado.

Na ficha ou no livro de registro de empregados também deverá constar a anotação de que o empregado está sendo contratado na forma da Lei n. 9.601/98, para diferenciar que o seu contrato de trabalho é feito por tempo determinado, regido por lei especial.

O contrato de trabalho por tempo determinado será feito por escrito, pois o inciso II do art. 4º e o § 2º do mesmo artigo mencionam que deverá haver o depósito do contrato no Ministério do Trabalho. Para que haja o depósito, o pacto só poderá ser escrito e não verbal. Nesse caso não se aplicará o art. 443 da CLT, que permite a contratação verbal do trabalhador. O objetivo da contratação por escrito é evitar fraudes, tanto que a contratação deverá ser anotada na CTPS do empregado, inclusive indicando que foi feita sob a égide da Lei n. 9.601 (art. 2º do Decreto n. 2.490/98).

Não será necessário registrar o contrato por tempo determinado no sindicato, pois, embora o projeto inicial do governo o previsse no art. 4º, a atual determinação da Lei n. 9.601/98 nada dispõe sobre o tema. O objetivo do dispositivo inicial era de que o sindicato pudesse fiscalizar a contratação do trabalhador, mas o sindicato acaba fiscalizando a contratação do trabalhador em razão de ser necessário o estabelecimento de convenção ou acordo coletivo de trabalho, que naturalmente tem a participação da agremiação na elaboração do respectivo instrumento.

O empregado deverá ter pelo menos 16 anos, que é a idade necessária para poder trabalhar, segundo o inciso XXXIII do art. 7º da Constituição.

A exceção, que seria a idade de 14 a 24 anos para o aprendiz, não se aplica à Lei n. 9.601/98. A aprendizagem é um contrato especial, que visa à formação profissional. A Lei n. 9.601/98 não tem esse objetivo. Logo, a idade mínima para a contratação é a partir dos 16 anos.

Os salários dos contratados por tempo determinado deverão ser iguais aos dos empregados admitidos por tempo indeterminado que exerçam a mesma função. Se a diferença de tempo de função for superior a dois anos, poderá haver distinção no aspecto salarial (§ 1º do art. 461 da CLT). Se a norma coletiva fixar piso salarial, este deve ser observado em relação aos empregados contratados por tempo determinado. Caso o empregado receba salário profissional, fixado em lei, como médicos, engenheiros etc., a empresa deverá obedecer à norma legal também para os empregados contratados por tempo determinado.

O número-limite de empregados contratados será definido na convenção ou acordo coletivo, não podendo ultrapassar os porcentuais previstos no art. 3º da Lei n. 9.601/98. Esse artigo remete o intérprete ao art. 1º da mesma norma. Isso quer dizer que as porcentagens descritas no art. 3º devem ser observadas em relação à empresa ou então a cada estabelecimento, se a empresa tem mais de um estabelecimento. A justificativa é de que o art. 1º traz uma situação alternativa ao mencionar que em qualquer atividade desenvolvida pela empresa ou estabelecimento podem ser admitidos empregados sob a forma de contrato por tempo determinado. Assim, pode não haver a ampliação do número total de empregados em cada estabelecimento, mas apenas de um ou alguns dos estabelecimentos da empresa. No estabelecimento onde houve as contratações, haverá acréscimo e não diminuição de empregados.

O estabelecimento de porcentual sobre o quadro de pessoal, para a contratação por tempo determinado, tem por objetivo que o empregador não dispense todos os seus empregados por tempo indeterminado, contratando obreiros apenas por tempo determinado.

A inobservância dos requisitos previstos na Lei n. 9.601/98 transforma automaticamente o contrato por tempo determinado em indeterminado, tendo o empregado todos os direitos pertinentes a este último tipo de pacto, como aviso prévio, indenização de 40% do FGTS.

Existindo norma específica, não se aplica o contrato por tempo determinado instituído pela Lei n. 9.601/98. Assim, a aprendizagem, o trabalho temporário (Lei n. 6.019/74) e o contrato de técnico estrangeiro (Decreto-lei n. 691/69) regem-se pelas respectivas normas e suas características.

A empresa deverá discriminar em separado a folha de pagamento dos empregados contratados por prazo determinado (art. 2º do Decreto n. 2.490/98).

Na França, foi instituída lei do contrato temporário em julho de 1990. O contrato dura entre seis e 24 meses. Pode ser renovado uma única vez. Um mesmo posto de trabalho não pode ser ocupado novamente por outro trabalhador contratado de forma temporária num prazo igual a um terço do contrato terminado. O contrato é autorizado em três hipóteses:

a) em caso de abertura de vagas;

b) em razão de aumento sazonal de produção;

c) para trabalhos especiais temporários.

10.2.7 Empresas com até 20 empregados

O § 3º do art. 1º da Lei n. 9.601/98 tinha a seguinte redação:

> As empresas com até vinte empregados, bem como aquelas nas localidades em que os trabalhadores não estejam representados por organizações sindicais de primeiro grau, poderão celebrar o contrato de trabalho previsto neste artigo, mediante acordo escrito entre empregado e empregador, observado o limite estabelecido no inciso I do art. 3º desta Lei.

O referido parágrafo foi vetado pelo presidente da República, de acordo com a Mensagem n. 89, encaminhada ao presidente do Senado Federal, com os seguintes argumentos:

> A tônica da Lei do contrato temporário é a da geração de novos empregos, uma vez que, já no seu art. 1º, prevê que a nova modalidade contratual será utilizada para as admissões que representem acréscimo no número de empregados da empresa.
>
> Como, no entanto, altera substancialmente as relações de trabalho, estendendo para todas as atividades o contrato temporário, atualmente possível apenas para as atividades de caráter transitório, supõe a perda substancial de garantia de certa estabilidade para o empregado. Daí que o projeto originalmente enviado ao Congresso tenha sido sábio ao remeter às convenções e acordos coletivos à instituição concreta do modelo, uma vez que o trabalhador terá seus interesses defendidos por suas entidades de classe contra possíveis desvirtuamentos do modelo legal idealizado.
>
> Aliás, o texto constitucional, em todos os momentos em que permite a flexibilização de direitos trabalhistas, condiciona-o à negociação coletiva entre as partes (CF, art. 7º, VI, XIII e XIV). E a adoção indiscriminada do contrato de trabalho constitui hipótese concreta de flexibilização de direito, na medida em que retira garantia anterior do trabalhador. Flexibilizar consiste na quebra da rigidez do Direito do Trabalho, permitindo a redução de direitos trabalhistas em contextos de recessão econômica, desde que assistido o empre-

> gado por suas entidades de classe, através da negociação coletiva.
>
> Ora, o § 3º, acrescentado pelo Congresso ao art. 1º da Lei, admite a adoção do contrato temporário pelas empresas com menos de vinte empregados, sem a mediação da convenção ou acordo coletivo da respectiva categoria, o que não se coaduna com o modelo de flexibilização de direitos albergado pela Constituição de 1988. Assim, v. g., na categoria dos comerciários, onde prevalecem os estabelecimentos de pequeno porte, restariam totalmente desguarnecidos os trabalhadores, ao arrepio da garantia ofertada também pelo art. 8º, III, da Carta Magna, que atribui aos sindicatos a defesa dos interesses e direitos individuais e coletivos dos trabalhadores.
>
> Merece, portanto, ser vetado o referido § 3º do art. 1º do projeto de lei em apreço.

Nota-se no § 3º do art. 14 da Lei n. 9.601/98, que foi vetado pelo presidente da República – a regra de que nas empresas com até 20 empregados a negociação poderia ser individual, sem a participação dos sindicatos. Se entendermos que a matéria era de contratação individual, de contrato de trabalho, está incorreto o veto, independendo da participação do sindicato para a validade do pacto, pois a Constituição não exige para o caso que fosse coletiva a negociação, sendo válida a tratativa individual. Ao contrário, se a regra é de contratação coletiva, mediante convenção ou acordo coletivo, deveria evidentemente ter a participação do sindicato (art. 8º, VI, da Constituição).

O STF, porém, já indicou que a negociação entre empregado e empregador na participação nos lucros ou resultados é coletiva e não individual, suspendendo a expressão "por meio de comissão por eles escolhida", contida no art. 24 da Medida Provisória n. 1.136/95[1]. Estendeu o STF os efeitos da liminar em relação à Medida Provisória n. 1.397/96. O mesmo raciocínio poderia ser defendido aqui.

A regra determinada na Lei n. 9.601/98 é da contratação de empregados mediante convenção ou acordo coletivo, como indica a interpretação sistemática do art. 1º e seu § 1º, do parágrafo único do art. 2º, do § 2º do

1 ADIn 1.361-1, j. 19-12-1995, Rel. Min. Ilmar Galvão, *DJU* I 7-2-1996, p. 1711.

art. 4º. Dispõe o art. 1º da citada norma que o contrato de trabalho de prazo determinado será instituído mediante convenção ou acordo coletivo. Reza o art. 3º que o número de empregados será especificado no instrumento decorrente da negociação coletiva.

Logo, a contratação, para ter validade, deve ter a participação do sindicato, só podendo ser coletiva. Inexistindo sindicato no local, a representação é da federação. Na falta desta, será da confederação. É a regra do § 2º do art. 611 da CLT.

Nas empresas com menos de 20 empregados será necessária também a contratação coletiva. Se for contratado um único empregado de acordo com a Lei n. 9.601/98, a contratação terá de ser feita com o sindicato. Isso na prática é inviável, pois os sindicatos não terão condições de atender a tantos pedidos de pequenas empresas. A lei cria, portanto, uma situação burocrática para a contratação de empregados nas pequenas empresas, que são a maioria. A pequena empresa, que geralmente não negocia coletivamente, não saberá como terá de fazer para contratar com o sindicato, tendo provavelmente de se socorrer de um advogado, trazendo maiores custos nessa contratação.

A pequena empresa não tem experiência, nem capacidade para fazer negociação com o sindicato. Para essas empresas, o ideal é que o acordo fosse escrito com os empregados e não coletivo. Na Argentina, a Lei n. 24.467/95 dispensou as micro, pequenas e médias empresas da negociação com o sindicato. Poderá ocorrer de as pequenas empresas contratarem empregados com base na Lei n. 9.601/98, porém sem a participação do sindicato, tornando o pacto ilegal, que será considerado por tempo indeterminado.

A maior parte das pequenas empresas preferirá não se utilizar da Lei n. 9.601/98, dadas as várias exigências e a necessidade de contratação com o sindicato. Como as microempresas são as maiores empregadoras do Brasil, dificilmente haverá contratação nesse tipo de empresa e os trabalhadores continuarão desempregados.

Assim, embora a determinação da lei seja na prática inadequada para as pequenas empresas, é constitucional o veto feito pelo presidente da República. O veto mostra que os sindicatos conhecem a realidade de cada categoria, atendendo ao inciso VI do art. 8º da Constituição.

10.2.8 Médias

Para a contratação de empregados com base na Lei n. 9.601/98, deve-se observar o limite estabelecido no instrumento decorrente de negociação coletiva, não podendo ultrapassar os seguintes porcentuais, que serão aplicados cumulativamente:

• 50% do número de trabalhadores, para a parcela inferior a 50 empregados;

• 35% do número de trabalhadores, para a parcela entre 50 e 199 empregados;

• 20% do número de trabalhadores, para a parcela acima de 200 empregados.

A primeira faixa vai até 49 empregados. A segunda faixa vai de 50 a 199 empregados e a terceira é determinada para empresas que têm acima de 200 empregados.

Na proposta original do governo, o porcentual era de 20%, não sendo estabelecidas faixas.

O estabelecimento de porcentual sobre o quadro de pessoal, para a contratação por tempo determinado, tem por objetivo que o empregador não dispense todos os seus empregados por tempo indeterminado, contratando obreiros apenas por tempo determinado.

São os porcentuais cumulativos, devendo ser aplicados separadamente e depois somado o número obtido em cada um deles, para saber o total de empregados que podem ser contratados.

Os porcentuais determinados no art. 3º da Lei n. 9.601/98 tomam por base o número de empregados admitidos por tempo indeterminado. Nesse contexto, não estarão inseridos empregados contratados por tempo determinado, contratos de experiência, obra certa, de aprendizagem etc. Entretanto, devem ser incluídos os empregados que tenham seus contratos de trabalho interrompidos (ex.: férias) ou suspensos (ex.: auxílio-doença).

O cálculo será feito de forma mensal, mediante a verificação da respectiva média aritmética. Observar-se-ão, para o cálculo, os seis meses anteriores aos da publicação da Lei n. 9.601/98. O art. 5º do Decreto n. 2.490/98 dispõe que a média abrangerá o período de 1º de julho a 31-12-1997. A disposição do decreto é correta, pois o parágrafo único do art. 3º da Lei n. 9.601/98 menciona que o cálculo da média deve ser observado "nos seis meses imediatamente anteriores ao da data da publicação da lei".

Não se observa o prazo de seis meses a contar da publicação da lei, mas computam-se os seis meses imediatamente anteriores, compreendendo o período de julho a dezembro de 1997.

Para alcançar a média aritmética, adotar-se-ão os seguintes procedimentos:

- apurar-se-á a média mensal, somando-se o número de empregados com vínculo empregatício por tempo indeterminado de cada dia do mês e dividindo-se o seu somatório pelo número de dias do mês respectivo (28, 29, 30 e 31);
- apurar-se-á a média semestral pela soma das médias mensais divididas por seis (§ 1º do art. 5º do Decreto n. 2.490/98).

Se a empresa tem mais de um estabelecimento, o cálculo será feito em relação a cada um dos estabelecimentos e não pelo total de empregados da empresa. A única hipótese em que o cálculo será feito em relação a todos os empregados da empresa ocorrerá quando esta não tiver estabelecimentos.

As frações decimais até quatro décimos serão desprezadas, considerando-se o número inteiro, e para as frações decimais iguais ou superiores a cinco décimos considerar-se-á o número inteiro imediatamente superior (parágrafo único do art. 6º do Decreto n. 2.490/98).

Uma empresa que tivesse 30 empregados na média dos últimos seis meses, antes de 22-1-1998, poderia admitir 15 empregados (30 × 50%) pelo contrato de trabalho por tempo determinado. Essa empresa poderá, portanto, elevar seus empregados em até 50%.

Empresa que tivesse 100 empregados, na média, poderia admitir 42 empregados. O cálculo seria:

50% de 50 = 25

100 – 50 × 35% = 17

Total = 42 empregados

Poderá haver um acréscimo nessa empresa de até 42% de funcionários temporários.

Empresa que tivesse a média de 300 empregados faria o seguinte cálculo:

50% de 50 = 25

199 – 50 × 35%=52

300 – 200 × 20% = 20

Total = 97 empregados

Essa empresa poderá contratar 32,33% de empregados temporários.

A estatística indica que, quanto mais empregados tiver a empresa, menos temporários poderá contratar, por intermédio da forma legal aplicada. Nota-se que as empresas que tenham até 49 empregados é que serão beneficiadas com a Lei n. 9.601/98, pois poderão contratar metade dos seus empregados por tempo determinado. Isso mostra que o objetivo da lei é a contratação de mais empregados, principalmente nas pequenas empresas, que são a maioria das empresas no Brasil e mais postos de trabalho podem gerar, considerando-se um universo total.

Os cálculos poderão indicar se a empresa criará postos de trabalho ou se pretende apenas a rotação da mão de obra.

Com o passar do tempo, se a empresa aumentar o número de seus funcionários, a média continuará a ser aplicada em relação aos seis meses imediatamente anteriores ao da data da publicação da Lei n. 9.601, de julho a dezembro de 1997.

O art. 6º do Decreto n. 2.490/98 traz uma fórmula de cálculo diversa em relação à verificação dos porcentuais contidos no art. 3º da Lei n. 9.601/98. É ilegal o critério definido no art. 6º do Decreto n. 2.490/98, pois não consta do art. 3º da Lei n. 9.601/98, além do que traz outro resultado.

Empresas constituídas após 22-1-1998 não terão como observar a média, devendo tal critério ser definido pelo Ministério do Trabalho (§ 4º do art. 4º da Lei n. 9.601/98). Empresas que não tiveram empregados nos seis meses anteriores a 22-1-1998 também não terão como calcular a média, que deveria ser explicitada pelo Ministério do Trabalho.

Os estabelecimentos instalados ou os que não possuírem empregados contratados por tempo indeterminado a partir de 1º-7-1997 terão sua média aritmética aferida contando-se o prazo de seis meses a começar do primeiro dia do mês subsequente à data da primeira contratação por tempo indeterminado (§ 2º do art. 5º do Decreto n. 2.490/98).

A determinação do regulamento, na prática, vai impedir a empresa de contratar trabalhadores com base na Lei n. 9.601/98 pelo período de seis meses. Outro critério deveria ter sido determinado, como de o cálculo ser feito com base no número inicial de empregados dessa empresa.

É importante ressaltar que a observância dos porcentuais mencionados não exclui a aplicação do art. 354 da CLT, que dispõe que 2/3 dos empregados da empresa serão brasileiros e 1/3 será de estrangeiros, caso se entenda que esse preceito está em vigor, pois contraria o princípio da igualdade entre brasileiros e estrangeiros, contido no *caput* do art. 5º da Constituição.

10.2.9 Duração e prorrogação

O contrato de trabalho por tempo determinado não poderá ser feito por mais de dois anos, pois o art. 445 da CLT é observado no caso presente, visto que a lei dispõe que apenas o art. 451 da CLT não deve ser aplicado.

Se o contrato por tempo determinado exceder a dois anos, será considerado por tempo indeterminado.

No entanto, o contrato por tempo determinado poderá ser prorrogado mais de uma vez, sucessivamente, não sendo observado o art. 451 da CLT, que veda a prorrogação por mais de uma vez do contrato por tempo determinado; apenas deve haver a limitação do prazo máximo em dois anos. As empresas, portanto, poderão prorrogar o mesmo contrato de trabalho por tempo determinado quantas vezes quiserem, tendo de observar apenas o prazo máximo de dois anos para os contratos por tempo determinado, previsto no art. 445 da CLT. Tanto poderá haver uma única prorrogação, como mais de uma ou várias.

Quando o contrato atingir dois anos, não mais poderá haver qualquer prorrogação, pois, do contrário, o contrato será transformado em por tempo indeterminado, por exceder o limite legal de dois anos previsto no art. 445 da CLT para contratos por tempo determinado.

Empresas que têm necessidade de mão de obra apenas em certas épocas do ano poderão sentir-se encorajadas a contratar por tempo determinado com base na Lei n. 9.601/98, em razão da desnecessidade da justificação da contratação e da possibilidade da prorrogação do pacto a termo certo por mais de uma vez, além da redução dos encargos sociais.

Seria possível a contratação do trabalhador por um período experimental para verificar se o empregado tem condições de trabalhar na empresa e depois haver a sua prorrogação. Inicialmente, poderia ser feita a contratação para depois haver a prorrogação. Entendo que não deve ser observado o prazo de 90 dias para a experiência, pois a Lei n. 9.601/98 dispõe que não se aplicam as condições do § 2º do art. 443 da CLT, estando entre elas o contrato de experiência. Se o contrato por tempo determinado não depende, para a sua validade, do contrato de experiência, não é o caso de observar o prazo de 90 dias contido no parágrafo único do art. 445 da CLT.

O prazo máximo de 60 meses contido no art. 2º da Lei n. 9.601/98 é apenas para a redução dos encargos sociais, não sendo o limite máximo para a contratação por tempo determinado, que fica sujeita à regra dos dois anos contida no art. 445 da CLT.

Apenas o art. 2º da Lei n. 9.601/98, que trata da redução dos encargos sociais, terá vigência de 60 meses. Os demais artigos terão vigência indeterminada.

Para a prorrogação do contrato por tempo determinado, o § 2º do Decreto n. 2.490/98 exige que haja o depósito do novo instrumento no órgão regional do Ministério do Trabalho. Essa exigência é ilegal, pois não é prevista em lei, além do que o termo de prorrogação pode estar no próprio contrato por tempo determinado, como é comum encontrar nos impressos vendidos nas papelarias.

Será possível a sucessão de um contrato por tempo determinado por outro indeterminado (parágrafo único do art. 3º do Decreto n. 2.490/98). Poderá acontecer que, se o empregado for bom funcionário, o seu contrato seja transformado de tempo determinado para indeterminado. Poderá ocorrer de após a contratação por tempo determinado haver acréscimo permanente de serviço na empresa, sendo necessária a contratação definitiva do obreiro. Para o trabalhador isso será melhor, pois haverá a continuidade do contrato de trabalho e não um pacto provisório.

O art. 452 da CLT será observado no contrato por tempo determinado.

Dispõe o citado artigo que:

> considera-se por prazo indeterminado todo contrato que suceder, dentro de 6 (seis) meses, a outro contrato por prazo determinado, salvo se a expiração deste depender da execução de serviços especializados ou da realização de certos acontecimentos.

Com base no art. 452 da CLT é impossível fazer novo contrato de trabalho por tempo determinado com o mesmo empregado senão após seis meses da conclusão do pacto anterior, exceto se a expiração do pacto dependeu da execução de serviços especializados ou da realização de certos acontecimentos. Não trata o art. 452 da CLT de prorrogação de contratos que estão em vigor, que é permitida por uma vez, mas de sucessão de contratos, pois é celebrado um novo pacto laboral. A parte que trata da exceção repete o que está escrito no § 2º do art. 443 da CLT.

Realização de certos acontecimentos poderia ser a sucessividade de contratos por tempo determinado, como de safra, de obra certa, pois o empregado seria apenas contratado para esse fim, que tem uma previsão aproximada. Haveria a possibilidade da celebração de vários contratos seguidos por tempo determinado em decorrência da safra ou de outra obra. Empregados de hotéis são necessários em maior número apenas em certas épocas do ano, como as de férias, feriados prolongados etc. Há, assim, a possibilidade da renovação sucessiva de tais pactos, pois dependem da realização de certos acontecimentos. Execução de serviços especializados poderia ocorrer na necessidade da montagem técnica de uma máquina ou de outro serviço, sendo preciso chamar um técnico altamente especializado.

Inexistiu a revogação do art. 452 da CLT pela Lei n. 9.601/98. A lei especial não revoga a geral, nem a modifica (§ 3º do art. 2º da Lei de Introdução às Normas do Direito Brasileiro). A Lei n. 9.601/98 não revogou expressamente o art. 452 da CLT, nem é com ele incompatível, pois não o exclui da sua aplicação, apenas o art. 451 da CLT.

Prorrogar é continuar o contrato que está em vigor. A Lei n. 9.601/98 permite que o contrato por tempo determinado nela previsto seja prorrogado mais de uma vez, sem estar adstrito ao limite previsto no art. 451 da CLT. No caso do art. 452 da CLT, há novo contrato de trabalho com o mesmo empregado, observado um espaço de tempo, e não prorrogação. Há, portanto, outro contrato.

Dessa forma, será considerado por tempo indeterminado todo contrato feito com o mesmo empregado que suceder, dentro de seis meses, a outro contrato por tempo determinado, salvo se a expiração deste dependeu da execução de serviços especializados ou da realização de certos acontecimentos.

O art. 481 da CLT também pode ser aplicado ao contrato por tempo determinado da Lei n. 9.601/98, pois esta não o exclui. Se houver cláusula assecuratória do direito recíproco de rescisão antes de expirado o termo ajustado, aplicam-se, caso seja exercido tal direito por qualquer das partes, os princípios que regem a rescisão dos contratos por tempo indeterminado, isto é, o pagamento de aviso prévio. A única hipótese em que não seria possível a existência da referida cláusula seria em relação a empregados detentores de garantia de emprego. Nem mesmo com o pagamento de indenização esses empregados poderão ser dispensados (§ 4º do art. 19 da Lei n. 9.601/98).

10.2.10 *Garantia de emprego*

A redação do § 4º do art. 1º da Lei n. 9.601/98 não é bem clara. O que quer dizer é que os empregados que tiverem garantia de emprego (e não "estabilidade provisória")[2], como da gestante, do dirigente sindical, do cipeiro, do empregado acidentado, não podem ser dispensados antes do termo final da contratação. As hipóteses mencionadas, contidas no § 4º do art. 1º da Lei n. 9.601/98, são exemplificativas e não taxativas, pois também têm garantia de emprego o trabalhador: integrante do Conselho Curador do FGTS e do Conselho Nacional de Previdência Social; eleito para cargo de direção na cooperativa. Assim, o contrato de trabalho não poderá ser rescindido antes do tempo se o empregado gozar de garantia de emprego, mesmo com o pagamento da indenização prevista no inciso I do § 1º do art. 1º.

Terminado o prazo do contrato, não há que se falar em garantia de emprego, pois as partes sabiam desde o início do pacto quando este iria terminar. Logo, depois da cessação do contrato de prazo determinado, o empregador não estará obrigado a manter no emprego o trabalhador por-

[2] Se é estabilidade, não pode ser provisória. A estabilidade é a decenal, que pressupõe uma continuidade indeterminada do trabalhador na empresa.

tador de garantia de emprego. As partes sabiam desde o início que o contrato era de prazo determinado e terminaria no último dia do prazo, inexistindo direito à garantia de emprego. A existência de garantia de emprego obtida no curso do contrato de trabalho não transforma o pacto em prazo indeterminado. Assim, se a empregada ficar grávida, se o empregado for eleito membro da Cipa ou dirigente sindical, o pacto laboral terminará na data acordada, sem se falar em direito à garantia de emprego. É a orientação anterior à Lei n. 9.601/98 de que nos contratos por tempo determinado não cabe garantia de emprego.

O empregador nem mesmo poderá pagar indenização ao empregado pela dispensa antes do término do contrato por tempo determinado, pois o § 4º do art. 1º da Lei n. 9.601/98 veda a dispensa do trabalhador detentor de garantia de emprego durante a contratação por tempo determinado.

O empregado detentor de garantia de emprego poderá ser dispensado por falta grave, caso cometa um ato de justa causa previsto no art. 482 da CLT. Em relação ao dirigente sindical, haverá necessidade de a falta ser apurada mediante inquérito para verificação de falta grave (art. 543, § 3º, da CLT). Quanto aos demais detentores de garantia de emprego, como o acidentado, o cipeiro, a grávida, será desnecessário o inquérito para apuração de falta grave, pois a lei não faz essa exigência.

A garantia de emprego também poderia cessar com o pedido de demissão do empregado, terminando o contrato de trabalho.

Não há inconstitucionalidade da Lei n. 9.601/98 em relação ao inciso VIII do art. 8º da Constituição, que prevê a garantia de emprego ao dirigente sindical ou ao art. 10 do ADCT, pois a garantia de emprego não prevalece após o término do contrato por tempo determinado, além do que o próprio § 4º do art. 1º da Lei n. 9.601/98 assegura a garantia de emprego durante a vigência do contrato de trabalho por tempo determinado. A cessação normal do contrato por tempo determinado não é equiparada à hipótese de dispensa, mas apenas ocorre o término do pacto laboral.

Seria possível também a inclusão, na convenção ou acordo coletivo, de cláusula que assegure garantia de emprego no período da contratação para empregados em época de prestação de serviço militar, de aposentadoria, que não poderiam ser dispensados antes do término do contrato de trabalho.

10.2.11 Indenização

O § 1º do art. 1º da Lei n. 9.601/98 é impositivo no sentido de que as partes "estabelecerão" na negociação coletiva a indenização pela ruptura antes do tempo do contrato de prazo determinado. Não se aplicam os arts. 479 e 480 da CLT ao contrato por tempo determinado, por expressa exclusão do inciso II do § 1º do art. 1º da Lei n. 9.601/98. Isso quer dizer que, se o empregador desejar rescindir o contrato por tempo determinado antes do tempo, não pagará a indenização de metade dos salários pelo tempo que faltar. Da mesma forma, o empregado não precisará pagar ao empregador a indenização dos prejuízos que lhe causar pela rescisão antecipada do pacto.

Entendo que o art. 479 da CLT foi revogado pela legislação do FGTS, pois este substitui o anterior sistema de estabilidade ou indenização equivalente existente até 4-10-1988.

A indenização será, porém, especificada na convenção ou acordo coletivo e não no contrato de trabalho. O § 1º do art. 1º dispõe expressamente que a contratação é feita mediante convenção ou acordo coletivo. Não usa a expressão *acordo* ou *convenção coletiva*, que poderia indicar que o acordo é individual. Nesse caso, o acordo é coletivo e não individual. E no acordo coletivo ou na convenção coletiva que será especificada a indenização.

Provavelmente, na contratação coletiva as partes pretenderão estabelecer uma indenização igual à prevista nos arts. 479 e 480 da CLT, que seria de metade dos salários devidos até o término do contrato. Nada impediria, contudo, o estabelecimento de indenização inferior a essa ou até superior, pois a autonomia privada coletiva nesse caso deverá ser observada. A lei não estabelece qualquer limite a essa indenização. Poderia ser estabelecida uma indenização de uma remuneração do empregado ou mais de uma, caso o empregador rescindisse antecipadamente o contrato, dependendo do número de meses ou dias em que a rescisão foi antecipada.

Não prevista a indenização na contratação coletiva, haverá nulidade da contratação por tempo determinado.

10.2.12 Redução de encargos

A finalidade da redução de encargos sociais é diminuir o custo do trabalho, permitindo a manutenção de postos de trabalho ou a sua criação.

O legislador parte do pressuposto de que pode aumentar o número de trabalhadores empregados desde que diminua o custo do trabalho para o empregador. De fato, o custo do trabalho no nosso país é realmente alto, porém há de se admitir que os salários em geral pagos aos trabalhadores são baixos se comparados a outros países.

Serão os encargos sociais reduzidos pelo período de 60 meses a contar de 22 de janeiro de 1998, isto é, até 21-1-2003.

O prazo de redução de encargos tem por objetivo avaliar se a lei estimula ou não a criação de empregos.

A redução será de 50% das contribuições vigentes em 1º-1-1996. Isso significa que, se a empresa pagava contribuição diferenciada em 1º-1-1996, é sobre esse valor que será feita a redução.

As contribuições para o custeio das prestações de acidente do trabalho, do sistema "S" (Senai, Sesi, Sesc, Senac, Sest, Senat, Sebrae), do Incra e do salário-educação serão diminuídas em 50%. Não está incluída na redução mencionada a contribuição devida ao Senar (Serviço Nacional de Aprendizagem Rural), que continuará sendo a normal. A alíquota do FGTS também será reduzida para 2%.

A redução dos encargos previdenciários e do FGTS só subsistirá enquanto forem atendidos os requisitos do § 1º do art. 4º da Lei n. 9.601/98. Deixando de ser atendido um dos requisitos do referido dispositivo, a redução de encargos não mais poderá ser observada. A redução será efetuada na vigência dos contratos por tempo determinado e durante um período de 60 meses a contar de 22-1-1998.

Verifica-se que os requisitos do art. 4º da Lei n. 9.601/98 são apenas para a empresa obter a redução dos encargos sociais e não para a validade do contrato por tempo determinado. Desatendidos os requisitos do citado art. 4º, o contrato por tempo determinado é válido, apenas a empresa não poderá obter a redução dos encargos sociais no período de 60 meses. O empregado não terá direito a aviso prévio e indenização de 40% do FGTS no término do pacto, mas fará jus aos depósitos do FGTS com a alíquota de 8%.

Limita a lei a redução dos encargos a apenas 60 meses a contar de janeiro de 1998. Isso quer dizer que em 22-1-2003 não mais haverá qualquer incentivo para a contratação na modalidade disposta na Lei n. 9.601/98. Provavelmente, nessa última data os empregadores não irão mais querer contratar empregados na forma da referida norma, pois estarão ausentes incentivos para a contratação com base na Lei n. 9.601/98, que é o menor custo da mão de obra.

Isso quer dizer que apenas a redução de encargos estará condicionada ao prazo de 60 meses, e não o contrato de trabalho por tempo determinado. Após os 60 meses, a empresa que contratar nos moldes da Lei n. 9.601/98 não terá de justificar a contratação por prazo determinado, não se observando os parágrafos do art. 443 da CLT; poderá prorrogar mais de uma vez o contrato por tempo determinado, sendo inaplicável, no caso, o art. 451 da CLT; não pagando também o aviso prévio e a indenização de 40%.

Passados os 60 meses, somente nova lei poderá determinar a redução dos encargos sociais, podendo alterar a redação do art. 2º da Lei n. 9.601/98. Se a modalidade de contratação por tempo determinado, contida na Lei n. 9.601/98, der resultados positivos, será necessário ampliar o referido prazo.

É certo, porém, que a redução dos custos no contrato por tempo determinado é transferida para a margem de lucro da empresa, sem que haja qualquer benefício para o empregado.

10.2.13 Redução da alíquota do FGTS

O parágrafo único do art. 2º da Lei n. 9.601/98 dispõe que as partes estabelecerão na norma coletiva a obrigação de o empregador efetuar, sem prejuízo do depósito de 2% sobre a remuneração do empregado, depósitos mensais vinculados, a favor do obreiro, em estabelecimento bancário, com periodicidade determinada de saque. A disposição, portanto, é imperativa, ao contrário do projeto original que concedia uma faculdade no depósito.

Poderão ser feitos depósitos bancários no porcentual de 1, 2, 3, 4, 5 ou 6% para complementar o porcentual do FGTS de 2%. Teoricamente, seria possível o empregador fazer até depósitos superiores aos do FGTS, porém isso dificilmente ocorrerá na prática, pois o objetivo da Lei n. 9.601/98 foi diminuir os encargos sociais e não aumentá-los. O empregador não irá querer fazer depósitos superiores a 5%, pois do contrário não terá qualquer redução de custo em relação ao FGTS.

O empregador deverá fazer depósitos mensais vinculados a favor do empregado em estabelecimento bancário, com periodicidade determinada.

Essas regras serão especificadas em convenção ou acordo coletivo. Trata-se de obrigação do pacto coletivo, pois o parágrafo único do art. 2º da Lei n. 9.601/98 é explícito no sentido de que as partes "estabelecerão". Além dos depósitos, deverá o empregador recolher o FGTS em favor do empregado à razão de 2% sobre a sua remuneração.

Esses depósitos não têm natureza salarial, mas de indenização, visando garantir o tempo de serviço do empregado em substituição à parte dos depósitos do FGTS. Não serão considerados como parte da remuneração do empregado pelo serviço prestado ao empregador.

Os depósitos poderão ser feitos em qualquer estabelecimento bancário e não apenas na Caixa Econômica Federal, que é o órgão incumbido de arrecadar o FGTS, como agente operador.

A periodicidade dos depósitos será mensal, sendo feitos na conta que for aberta para esse fim. A lei é clara nesse sentido. Não poderão, portanto, ser feitos depósitos bimestrais, trimestrais, quadrimestrais ou semestrais.

A época de saque será determinada pelas partes, mas provavelmente ocorrerá quando houver o término do contrato de trabalho por tempo determinado.

As hipóteses de saque não estarão adstritas à regra do art. 20 da Lei n. 8.036/90, podendo as partes determinar quando o depósito será sacado. Os saques irão talvez atender às necessidades do trabalhador, dependendo do que for pactuado, como de doença, necessidade financeira, aquisição de casa própria ou a sua reforma etc.

No pacto também poderá ser estabelecida multa, caso o depósito não seja feito na época indicada.

A vinculação mencionada na lei irá depender, portanto, do que for acordado.

Por ocasião do término do contrato de trabalho ou em caso de dispensa antecipada do trabalhador, sobre os depósitos bancários não incidirá a indenização de 40%, como prevista na legislação do FGTS, por falta de previsão legal nesse sentido, salvo se assim for convencionado pelas partes.

Inexiste previsão legal sobre a incidência de imposto de renda sobre o saque do depósito bancário feito pelo empregado. Não há dúvida de que sobre a aplicação financeira resultante do depósito incidirá imposto de renda, em razão de a lei prever esse fato gerador. O banco não fará qualquer retenção na fonte de imposto de renda, sobre o saque do depósito, a não ser a decorrente da referida aplicação financeira. Provavelmente, a Receita Federal irá querer cobrar imposto de renda sobre o depósito, pois está sendo feito um pagamento ao empregado, porém esse pagamento tem natureza indenizatória, de compensar o tempo de serviço do empregado, que não é salário.

10.2.14 *Quadro de avisos*

O empregador deverá afixar, no quadro de avisos da empresa, cópias do instrumento normativo e da relação dos contratados, que conterá, entre outras informações, o nome do empregado, o número da CTPS, o número de inscrição do trabalhador no PIS e as datas de início e de término do contrato por tempo determinado (§ 3º do art. 4º da Lei n. 9.601/98).

O objetivo da lei é dar mais publicidade ao contrato de trabalho por tempo determinado, de modo que o próprio empregado possa fiscalizar o cumprimento da lei.

Facilitará também ao fiscal a verificação dos empregados que foram contratados por tempo determinado.

10.2.15 *Aviso prévio e indenização de 40% do FGTS*

No contrato por tempo determinado, as partes já sabem de antemão quando o pacto irá terminar. Desde o início da avença já se tem conhecimento quando será o termo final do pacto. Assim, inexiste necessidade de aviso prévio. O art. 487 da CLT é claro no sentido de que o aviso prévio só cabe no contrato por tempo indeterminado. Se há duração de prazo, é indevido o aviso prévio, pois as partes sabem quando o pacto laboral irá terminar.

A Lei n. 9.601/98 não viola o inciso XXI do art. 7º da Constituição, que trata do aviso prévio. Este, por natureza, só é devido nos contratos por tempo indeterminado e não nos contratos por tempo determinado. A parte final do citado preceito constitucional também mostra que o aviso prévio é dependente de lei que trace as suas características.

A indenização de 40% do FGTS também é indevida. Como não há dispensa na data da cessação do contrato (§ 1º do art. 18 da Lei n. 8.036/90), mas término do pacto laboral pelo decurso de prazo, é indevida a indenização de 40% do FGTS.

A redução do custo na rescisão do contrato de trabalho com o aviso prévio e indenização de 40% do FGTS poderá ser de 51,76%, computando-se apenas a ausência do aviso prévio, do FGTS incidente sobre o aviso prévio e da indenização de 40% sobre essa verba, sem contar os 40% de indenização sobre todos os depósitos do FGTS feitos na conta vinculada do empregado, que será uma importância variável, pois depende do número de meses de trabalho, do salário etc.

Ao final do contrato de trabalho por tempo determinado, o trabalhador não fará jus ao levantamento do seguro-desemprego, pois não houve dispensa por parte do empregador, mas término de contrato de trabalho por tempo determinado.

10.2.16 *Depósito da norma coletiva*

A convenção e o acordo coletivo deverão ser depositados na DRT, tendo validade de três dias após o depósito (§ 1º do art. 614 da CLT).

Será vedado à DRT apreciar o mérito do conteúdo da convenção ou do acordo coletivo. Apenas verificará se foram atendidos os requisitos legais.

Da convenção e do acordo coletivo não deveria constar a relação dos contratados ou os próprios contratos de trabalho, pois pode ainda não ter havido a contratação ou não se saber o nome de todas as pessoas que serão contratadas. Entretanto, o inciso II do art. 4º da Lei n. 9.601/98 dispõe que, para a validade da redução dos encargos sociais, deve haver o depósito do contrato de trabalho e da relação dos contratados por tempo determinado, o que deverá ser feito com o depósito da convenção e do acordo coletivo. A relação não deverá apenas ser afixada no quadro de avisos da empresa (§ 3º do art. 4º da Lei n. 9.601/98), mas também deverá ser depositada com a convenção ou acordo coletivo (art. 4º, II, da Lei n. 9.601/98), assim como os contratos de trabalho (§ 2º do art. 4º c/c inciso II, da Lei n. 9.601/98).

O depósito na DRT deverá ser feito mediante a apresentação dos seguintes documentos:

• requerimento do depósito em três vias dirigido ao Delegado Regional do Trabalho, em que o empregador declarará, sob as penas da lei, que no momento da contratação está adimplente perante o INSS e o FGTS e as admissões representam acréscimo do número de empregados e obedecem às porcentagens legais. A declaração falsa do empregador, de que está em dia com as contribuições previdenciárias e do FGTS, sujeitá-lo-á às penas previstas no art. 299 do Código Penal, por falsidade ideológica;

• três cópias da convenção ou acordo coletivo;

• segunda via dos contratos de trabalho por tempo determinado;

• relação dos empregados contratados, que conterá, entre outras informações, o número da CTPS, o número de inscrição do trabalhador no PIS e as datas de início e de término do contrato especial por tempo determinado (§ 1º do art. 7º do Decreto n. 2.490/98, c/c § 1º do art. 3º da Portaria n. 207, de 31-3-1998).

10.2.17 *Preferência*

As empresas que, a partir da data de publicação da Lei n. 9.601 (22-1-1998), aumentarem seu quadro de pessoal em relação à média mensal do número de empregados no período de referência do art. 4º terão preferência na obtenção de recursos no âmbito dos programas executados pelos estabelecimentos federais de crédito, especialmente pelo BNDES (art. 5º da Lei n. 9.601/98).

O estímulo previsto no art. 5º da Lei n. 9.601/98 não traz grandes repercussões práticas.

A lei menciona mesmo preferência. Quer dizer: se houver uma empresa que atenda aos requisitos da Lei n. 9.601/98 e outra que não se utilizou dos seus benefícios, terá preferência a primeira para obter recursos dos programas executados pelos estabelecimentos federais de crédito, especialmente do BNDES. Os estabelecimentos tanto poderão ser, por exemplo, o Banco do Brasil e a Caixa Econômica Federal, que são estabelecimentos federais de crédito, como o BNDES. Este geralmente concede empréstimos em condições mais favoráveis do que as do mercado.

O período de referência mencionado pela lei é de 60 meses, pois o art. 4º da Lei n. 9.601/98 faz remissão ao art. 2º da mesma norma, que fixa o citado prazo.

A lei não menciona qual é o valor ou qual o período do empréstimo.

10.2.18 Comunicações

O Ministério do Trabalho, por intermédio de cada DRT, comunicará mensalmente ao órgão regional do INSS e à CEF, para fins de controle do recolhimento das contribuições, os dados disponíveis nos contratos depositados, principalmente:

> I – qualificação da empresa. Indicará, portanto, nome e demais dados disponíveis, como endereço e CNPJ;
>
> II – nome, número da CTPS e número do PIS do empregado;
>
> III – data de início e de término dos contratos de trabalho;
>
> IV – outras informações relevantes da convenção ou acordo coletivo.

Os sindicatos ou empregados prejudicados poderão denunciar ao órgão regional do Ministério do Trabalho situações de descumprimento da Lei n. 9.601/98 (art. 9º). Trata-se de uma faculdade do sindicato, que irá fiscalizar o efetivo cumprimento das contratações por tempo determinado com base na Lei n. 9.601/98.

10.2.19 Multas

A violação pelo empregador dos arts. 3º e 4º da Lei n. 9.601/98 sujeita-o à multa de 500 UFIR, por trabalhador contratado em desacordo com a previsão legal. O cálculo da multa é por trabalhador contratado por tempo determinado e não por infração.

O descumprimento da lei ocorrerá:

• pela não observância dos porcentuais descritos no art. 3º, calculados sobre a média aritmética mensal do número de empregados contratados por tempo indeterminado do estabelecimento;

• se o empregador não estiver adimplente perante o INSS e o FGTS;

• se o contrato por tempo determinado e a relação contida no § 3º do art. 4º não tiverem sido depositados na DRT, que compreende nome dos empregados, número da CTPS e do PIS, data de início e de término do contrato;

• se o quadro de empregados e a respectiva folha salarial da empresa ou estabelecimento forem inferiores à média mensal dos seis meses anteriores a 22-1-1998;

• se o número de empregados contratados por tempo indeterminado for inferior à média dos últimos seis meses anteriores a 22-1-1998.

O valor da UFIR era de R$ 1,0641. O valor da multa para cada empregado será, portanto, de R$ 532,05, e fica mantido sem correção, pois a UFIR foi extinta.

Será a multa considerada como receita do Fundo de Amparo ao Trabalhador (FAT), de que trata a Lei n. 7.998, de 11-1-1990. Correta, portanto, a vinculação ao FAT da multa pela violação da Lei n. 9.601/98, pois visa criar recursos para amparar o trabalhador desempregado, com o pagamento do seguro-desemprego.

Será vedada a vinculação de multas ao salário mínimo (inciso IV do art. 7º da Lei Maior).

As multas são mais onerosas para o empregador do que as já previstas na CLT ou em legislação esparsa. O objetivo é que o empregador cumpra os requisitos da Lei n. 9.601/98 e não contrate trabalhadores em desacordo com a referida norma.

Uma análise menos detalhista da lei levaria a crer que inexistiria multa para a transgressão do art. 1º. Todavia, indiretamente a multa é prevista no art. 7º da Lei n. 9.601/98 pela contratação ilegal por tempo determinado.

Na Lei n. 9.601/98 não há multa específica pela violação do art. 2º da referida norma.

A lei não dispõe sobre proporcionalidade na aplicação da multa. Assim, se houver mesmo uma infração leve, a multa será integral.

As penalidades serão aplicadas pelo fiscal do Ministério do Trabalho. No âmbito das infrações trabalhistas, aplicam-se os arts. 626 a 642 da CLT, podendo o infrator recorrer da multa. No âmbito previdenciário, observa-se o Decreto n. 3.048/99, que regulamenta o custeio da Seguridade Social.

10.2.20 *Multa convencional*

Há ainda a possibilidade de se estabelecer multa na norma coletiva (art. 1º, § 1º, II, da Lei n. 9.601/98). Essa disposição decorre também do inciso VIII do art. 613 da CLT, que dispõe que devem ser estabelecidas penalidades nas normas coletivas pela violação dos seus dispositivos. A multa será obrigatória e não facultativa, pois o § 1º reza que as partes estabelecerão multas (II). Usa, portanto, linguagem imperativa. Entretanto, normalmente não se tem considerado nula uma norma coletiva pelo fato de não conter cláusula penal. A ausência de multa não irá prejudicar direito do trabalhador, que continua a ser-lhe devido.

Na maioria das vezes, as multas reverterão ao empregado, pois geralmente é o empregador que descumpre as regras legais.

O inciso II do § 1º do art. 1º da Lei n. 9.601/98 faz referência a "multas", no plural. Essa introdução foi feita na Câmara Federal, pois não fazia parte do projeto original do governo. Assim, pode ser estabelecida mais de uma multa pelo descumprimento do previsto na norma coletiva, com gradações, em decorrência de a falta ser mais leve ou mais grave. Poderá a norma coletiva conter multa cumulativa, diária etc.

A multa em nenhuma hipótese poderá ser superior à obrigação principal. Deve-se aplicar a regra do art. 412 do Código Civil, por força do § 1º do art. 8º da CLT, pois esta é omissa sobre o tema.

A natureza da multa em comentário é convencional e não legal. São as partes que irão estabelecer cláusula penal pelo descumprimento das disposições contidas na norma coletiva.

10.2.21 *Conclusão*

Não há dúvida de que o contrato de trabalho de tempo determinado previsto na Lei n. 9.601/98 pode ajudar a diminuir o desemprego, porém é igualmente possível que muitos empregadores tentem burlar a legislação e contratar empregados sem respaldo na citada lei, somente para ter um custo menor de encargos sociais. Nesse caso, haveria fraude, sendo aplicável o art. 9º da CLT.

O objetivo da lei é que os sindicatos façam a fiscalização dos contratos de trabalho por tempo determinado, celebrados com fundamento na Lei n. 9.601/98, verificando se a hipótese de flexibilização está de acordo com a lei. Isso será feito por meio de convenção ou acordo coletivo. A negociação coletiva passa a ser indispensável para a validade da contratação por tempo determinado nos moldes da Lei n. 9.601/98.

Os critérios estabelecidos na Lei n. 9.601/98 não são tão simples assim, além de haver certos procedimentos burocráticos a seguir, o que de certa forma traz dificuldade para a sua implementação prática, principalmente nas pequenas empresas. O objetivo dos critérios foi evitar a contratação provisória de forma ilimitada, não transformando os contratos dos empregados da empresa de indeterminados em determinados.

Na prática, as pequenas empresas não estão utilizando-se do contrato de trabalho por tempo determinado previsto na Lei n. 9.601/98, quando poderiam ser as principais beneficiárias, em razão de tantos procedimentos burocráticos instituídos, como médias, negociação com o sindicato, depósito do instrumento na DRT. Já se está verificando que o referido contrato está sendo utilizado apenas em poucas empresas, que geralmente são grandes, pois podem contar com assessoria ou, então, em relação aos sindicatos mais reivindicativos.

O Ministério do Trabalho estima que 17 mil trabalhadores foram contratados por 605 convenções ou acordos coletivos entre 21-1-1998 a 11-1-2000.

Tem como vantagens a Lei n. 9.601/98: para o empregado, obter o emprego; para a empresa, poder contratar com porcentuais inferiores a título de encargos sociais no período em que houve a referida redução; de maneira geral, ampliar as possibilidades de emprego.

A Lei n. 9.601/98 não irá eliminar o problema do desemprego, podendo contribuir para minorá-lo. Seria como se o legislador estabelecesse uma norma dizendo: a partir de agora o desemprego está revogado e definitivamente banido do nosso país. Nada iria acontecer, pois a realidade dos fatos iria simplesmente ignorar a lei.

Um dos problemas da Lei n. 9.601/98 é a necessidade de se negociar com o sindicato para fazer a contratação por prazo determinado, inclusive para as pequenas empresas, pois a norma não traz exceção.

A Lei n. 9.601/98 deveria ser revogada, pois a partir do momento em que não há mais incentivos fiscais para a contratação por prazo determinado, ela perdeu totalmente sua utilidade. Foram poucos os contratos celebrados com base na referida norma. Agora, ela não tem aplicabilidade concreta sem a redução da contribuição do FGTS, da contribuição para o custeio das prestações de acidente do trabalho e de terceiros.

11 Trabalho Temporário

Em 1973, havia em São Paulo 50.000 trabalhadores temporários prestando serviços a cerca de 10.000 empresas de trabalho temporário[1]. As empresas tinham por objetivo conseguir mão de obra mais barata, não pretendendo se furtar às regras tutelares da legislação trabalhista, que visava proteger o trabalhador.

A Lei n. 6.019, de 3 de janeiro de 1974, dispôs sobre o trabalho temporário nas empresas urbanas. Foi regulamentada pelo Decreto n. 10.060, de 14 de outubro de 2019. A norma legal tomou por base a Lei francesa n. 72-1, de 3 de janeiro de 1972.

O contrato de trabalho temporário não deixa de ser uma espécie de contrato de trabalho de tempo determinado, porém com características específicas. Tem como sujeitos três pessoas: o trabalhador, o tomador dos serviços ou cliente e a empresa de trabalho temporário. Esta só pode colocar o trabalhador no tomador dos serviços por um período máximo de 180 dias, contínuos ou não. A relação de emprego forma-se no referido período com a empresa de trabalho temporário. Visa o pacto atender à necessidade transitória da empresa para substituir pessoal regular e permanente ou pelo acréscimo extraordinário de serviços.

As empresas de trabalho temporário não se confundem com agências de colocação. Estas funcionam como meras intermediárias na colocação do trabalhador, não existindo vínculo de emprego, pois não presta o empregado serviços a essas empresas. Na empresa de trabalho temporário, o trabalhador temporário é seu empregado, que é colocado na empresa tomadora ou cliente, sendo remunerado pela primeira.

[1] ALMEIDA,Isis de. *O regime do trabalho temporário*. São Paulo: Saraiva, 1977, p. 4.

Muitas vezes, o trabalho temporário é utilizado pelos trabalhadores para um curto período de tempo, como por estudantes em férias, mulheres que precisam de um valor adicional para reforçar o orçamento doméstico e pessoas que não querem um emprego permanente. Em época de desemprego, tem sido utilizado o trabalho temporário por qualquer pessoa, para ter uma fonte de renda.

A Portaria MTE n. 789, de 2-6-2014, estabelece instruções para o contrato de trabalho temporário.

Têm as empresas de trabalho temporário natureza mercantil, sendo que seu registro constitutivo é feito na Junta Comercial (art. 6º, II, da Lei n. 6.019/98).

A empresa de trabalho temporário não precisa mais ser apenas urbana. Pode atuar também na área rural, pois o art. 4º da Lei n. 6.019/98 não dispõe que se trata de empresa que atua apenas na área urbana.

No Direito brasileiro, o empregador não é obrigado a pagar salários ao trabalhador entre o término de um contrato de tempo determinado e o começo de outro. Na Alemanha, a lei obriga a empresa de trabalho temporário a pagar salários ao trabalhador entre uma missão e outra[2].

Representa o trabalho temporário uma forma de flexibilização, pois compreende contratação de tempo determinado para necessidades de serviços temporários, diversa da normal, que é a contratação por tempo indeterminado.

Na Itália, há proibição da interposição do trabalho, que ocorre quando uma empresa se torna a direta e imediata destinatária dos serviços prestados por um trabalhador admitido e remunerado por outrem.

Em Portugal, o Decreto-lei n. 358/89 trata do regime jurídico do trabalho temporário e da possibilidade de ser cedido ocasionalmente o trabalhador. A exposição de motivos do Decreto-lei n. 358/89 mencionou que:

---

[2] CAMERLYNCK, G. H.; LYON-CAEN, Gérard; PÉLISSIER, Jean. *Droit du travail*. 13. ed. Paris: Dalloz, 1986, p. 124.

a falta de regulamentação do trabalho temporário tem conduzido ao seu desenvolvimento com foros de marginalidade, tendo sido, por isso, denunciada pelo Conselho das Comunidades que, por Resolução de 18 de dezembro de 1979, aconselhou a adoção de uma ação comunitária de apoio às medidas dos Estados-membros, com o objetivo de assegurar tanto o controle do trabalho temporário como a proteção social dos trabalhadores sujeitos a esta modalidade de trabalho[3].

---

3 *Lei geral do trabalho*. 12. ed. Lisboa: Reis dos Livros, 1992, p. 383-384.

12 Contrato de Trabalho em Domicílio

O trabalho a distância é gênero que abrange o trabalho em domicílio e o teletrabalho.

O trabalho a distância é uma espécie de flexibilização da relação de emprego, já que as tarefas são prestadas fora do âmbito da empresa. A subordinação pode ficar mitigada, porque o número de ordens de serviço pode ser menor, justamente pelo fato de que o empregado não trabalha no ambiente interno da empresa.

Trabalho em domicílio é o prestado na residência do empregado e não na sede do empregador. É o que ocorre, em certos casos, com o teletrabalho.

Reza o art. 6º da CLT que não se distingue entre o trabalho realizado no estabelecimento do empregador, o executado no domicílio do empregado e o realizado a distância, desde que esteja caracterizada a relação de emprego.

O empregado tanto pode trabalhar na sede do empregador como em seu próprio domicílio. É certo que em seu domicílio poderá fazer o horário que desejar, mostrando que a subordinação pode ser mais leve.

Hoje, não são apenas as costureiras que trabalham em suas residências com subordinação, fazendo costuras para determinada empresa. Jornalistas também trabalham em casa, mandando para a redação dos jornais as matérias, por meio de fax, Internet etc.

Distingue-se o empregado em domicílio do trabalhador autônomo, pois este, apesar também de poder trabalhar em casa, não tem subordinação, mas autonomia na prestação dos serviços, assumindo os riscos de sua atividade.

Para a caracterização do vínculo de emprego com o empregador, é preciso que o empregado em domicílio tenha subordinação, que poderá ser medida pelo controle do empregador sobre o trabalho do empregado, como estabelecendo cota de produção, determinando dia e hora para a entrega do produto, qualidade da peça etc.

A pessoalidade também será necessária para a confirmação do contrato de trabalho, pois se o trabalhador é substituído por familiar na prestação de serviços, não há pacto laboral. Os familiares poderão colaborar, porém não de forma frequente.

Configurado o vínculo de emprego, dificilmente o empregado terá direito a horas extras, por trabalhar em sua própria casa e desde que não haja nenhuma forma de controle, pois, se houver, haverá tal direito, salvo se determinada produção só pudesse ser alcançada com mais de 8 horas de serviço diário.

O trabalhador também poderá prestar serviços em sua residência conectado com a empresa pela Internet, por computador, fax, telefone ou telefone celular. Existindo o elemento subordinação, que pode ser evidenciado por controle de produção, número de toques no teclado, entrada e saída de dados, haverá vínculo de emprego.

Dispõe o art. 83 da CLT que é devido o salário mínimo ao trabalhador em domicílio, considerado este como o executado na habitação do empregado ou em oficina de família, por conta de empregador que o remunere.

Se houver piso salarial estabelecido em norma coletiva, deve-se assegurar essa remuneração ao empregado e não o salário mínimo.

Recebendo o empregado por peça ou tarefa, deverá ter assegurado pelo menos um salário mínimo, ainda que o valor relativo às peças ou tarefas produzidas não alcance a importância do salário mínimo.

13 Trabalho a Tempo Parcial

13.1 Denominação

Na língua inglesa, é encontrada a denominação *part time*, que significa parte do tempo destinada ao trabalho.

Também é empregada a expressão trabalho *just in time*, ou seja, dentro de certo momento.

13.2 Direito internacional e estrangeiro

A Convenção n. 175 da OIT, de 1994, considera como trabalhador a tempo parcial o que, assalariado, tem atividade laboral com duração inferior à normal dos trabalhadores a tempo completo, calculada semanalmente, desde que este tenha a mesma atividade, efetuando o mesmo trabalho no mesmo estabelecimento (art. 1º). Reconhece a importância que:

> apresenta para todos os trabalhadores, contar com um emprego produtivo e livremente escolhido, a importância que tem para a economia e o trabalho a tempo parcial, a necessidade de que nas políticas de emprego se leve em conta a função do trabalho a tempo parcial como modo de abrir novas possibilidades de emprego e a necessidade de assegurar a proteção dos trabalhadores a tempo parcial nos campos do acesso ao emprego, das condições de trabalho e da seguridade social.

A norma internacional não foi ratificada pelo Brasil. Visa estabelecer proteção aos que escolherem o trabalho a tempo parcial e a possibilidade de criação de novos empregos. O salário do trabalhador será calculado proporcionalmente (por peça, tarefa, hora), de modo que não seja inferior ao salário básico do trabalho a tempo completo, calculado pela mesma maneira (art. 5º).

Em Portugal, o Decreto-lei n. 398, de 2 de novembro de 1983, institui o regime da suspensão do contrato de trabalho e da redução do período normal de trabalho. É permitida a redução temporária dos períodos normais de trabalho ou suspensão dos contratos de trabalho desde que por razões conjunturais de mercado, motivos econômicos ou tecnológicos, ou catástrofes, ou outras ocorrências que tenham afetado gravemente a atividade normal da empresa, sendo indispensáveis para assegurar sua viabilidade e a manutenção dos postos de trabalho (art. 5º, 1). Os trabalhadores terão direito à retribuição mensal não inferior ao salário mínimo nacional garantido por lei para o setor (art. 6º, 1, *a*).

A redução por razões conjunturais de mercado, por motivos econômicos ou tecnológicos terá uma duração máxima não superior a seis meses (art. 16, 1). Em caso de catástrofe ou outra ocorrência que tenha afetado gravemente a atividade normal da empresa, o prazo é de no máximo um ano (art. 16, 2).

Na Itália, a convenção coletiva é que vai estipular o número de trabalhadores que serão contratados sob a forma de tempo parcial pelas empresas interessadas. Terão os trabalhadores a tempo parcial prioridade de serem contratados por tempo pleno.

13.3 Conceito

Trabalho a tempo parcial é o *part time* dos países de língua inglesa. Apenas parte do tempo é utilizado para o trabalho. Parte da jornada ou da semana é utilizada para o trabalho. No restante do período, o empregado dedica-se a outras atividades.

A OIT considera trabalho a tempo parcial o "que se efetua de uma forma regular e voluntária e com uma duração notavelmente mais curta do que a regular"[1].

---

[1] OIT. Apud PEREDO LINACERO, Juan Antonio. Trabajo a tiempo parcial

É ideal para: mulheres, que podem conciliar o trabalho com o cuidado dos filhos ou com seus afazeres domésticos; estudantes, que podem continuar a desenvolver suas atividades escolares, combinando-as e adequando-as com o trabalho; idosos, que não gostam de trabalhar a jornada integral, tendo interesse em outros assuntos em parte do dia. Para essas pessoas, o trabalho não é o elemento fundamental, mas até mesmo acessório, pois o principal é o estudo e o cuidado da casa ou dos filhos.

No trabalho a tempo parcial, há a possibilidade da abertura de várias vagas na empresa, diminuindo o desemprego.

Considera-se trabalho a tempo parcial aquele cuja duração não exceda de 30 horas na semana (art. 58-A da CLT). Pode ser, portanto, de menos de 30 horas na semana. Pode ser de no máximo 26 horas semanais, permitindo o acréscimo de até 6 horas suplementares semanais.

A legislação francesa dispõe sobre o limite do trabalho a tempo parcial, não podendo ser superior a um quinto da duração normal do trabalho (art. L. 212.4.2 do Código de Trabalho, com a redação determinada pela Ordenação n. 82.271, de 26 de março de 1982).

Na Espanha, o limite do trabalho a tempo parcial é de dois terços da duração normal do trabalho (art. 12 do Estatuto dos Trabalhadores da Espanha).

A redação original do art. 1º da Medida Provisória n. 1.709, de 6 de agosto de 1998, fazia menção à jornada semanal não excedente de 25 horas. Havia impropriedade na expressão, ao ser feita referência à jornada semanal, pois a jornada é o que ocorre diariamente. A palavra jornada é originária do italiano *giornata*, que significa dia. O mais certo é se falar em módulo semanal ou duração do trabalho.

O trabalhador comum terá módulo semanal de 44 horas. O trabalhador a tempo parcial prestará serviços por no máximo 30 horas por semana (art. 58-A da CLT). Isso corresponde a 5 horas por dia vezes 6 dias úteis, totalizando 30 horas por semana.

Não se confunde o trabalho a tempo parcial com certas categorias que têm jornada diferenciada, como médicos (4 horas), ascensoristas (6 horas) etc.

---

y promoción profesional. *Trabajo a tiempo parcial y horario flexible*. Madrid: Ministerio de Trabajo, p. 68.

13.4 Características

No trabalho a tempo parcial há regularidade, pois o empregado trabalha diariamente e não apenas em alguns dias da semana ou do mês. Não abrange trabalho eventual.

Há ajuste de vontades para a realização do trabalho a tempo parcial, que não é imposto ao empregado. Este trabalha parcialmente porque é de seu interesse, de forma a compatibilizar outros afazeres que possua.

O ideal é que a contratação fosse feita por escrito, justamente para evitar fraudes. A CLT não dispõe nesse sentido, permitindo a contratação verbal, nos termos do art. 443 da norma consolidada.

Existe um número de horas de trabalho menor do que o normal, pois o empregado não chega a trabalhar 8 horas por dia, mas, geralmente, entre 4 e 6 horas.

Serve o trabalho a tempo parcial tanto para as atividades-fim da empresa como para as atividades-meios. Pode ser empregado também em atividades temporárias ou sazonais.

Pode resolver em parte o desemprego ou existir um desemprego parcial, dependendo do caso.

A produtividade da empresa pode aumentar com o trabalho a tempo parcial, pois as máquinas não ficarão ociosas em determinado período, possibilitando maior aproveitamento do maquinário da empresa.

Impede o desperdício de materiais que tenham de ser trabalhados em determinado momento, como produtos perecíveis.

A empresa não precisa fazer constantemente investimentos para formar pessoal, pois pode existir diminuição da rotatividade de pessoas.

O estabelecimento funciona maior número de horas por dia, sem, inclusive, necessidade de certos empregados prestarem horas extras.

Há diminuição do absenteísmo, pois o empregado pode cuidar de seus problemas pessoais no horário em que não está prestando serviços na empresa.

Certos empregadores podem não gostar do trabalho a tempo parcial pela maior dificuldade de apurar responsabilidades, pois mais de um empregado ocupa o posto de trabalho durante o período em que a empresa funciona.

Os sindicatos indicam desvantagens, como a diminuição do montante dos salários recebidos pelos empregados. A categoria fica enfraquecida, pois haveria menor número de horas trabalhadas em convívio com os demais funcionários. O salário-hora, porém, não fica diminuído, tanto que terá de ser respeitado, apenas o montante final do salário será menor, pelo menor número de horas trabalhadas. Necessariamente, a categoria não fica enfraquecida, já que os empregados podem cuidar de afazeres sindicais quando não estão prestando serviços na empresa.

13.5 Finalidade

É bom o trabalho a tempo parcial para pessoas que não podem laborar a jornada completa, como estudantes, que precisam trabalhar e estudar, mulheres, que têm seus afazeres domésticos ou que cuidam de crianças, aposentados, que têm algumas horas para trabalhar por dia e receber uma renda adicional etc. Essas pessoas precisam compatibilizar seus compromissos com o trabalho, podendo ocupar postos de trabalho e ter remuneração. Mesmo a tecnologia pode criar empregos a tempo parcial, dada a necessidade de menor número de horas de trabalho por dia.

Os supermercados poderiam contratar trabalhadores a tempo parcial para prestarem serviços na sexta-feira e no sábado, pois os empregados ficam ociosos nos outros dias. Sexta-feira e sábado são os dias de maior movimento, ocorrendo um atendimento deficiente, havendo, por isso, necessidade de mais trabalhadores, pelo afluxo de consumidores nesses dias, principalmente no sábado. Em outros tipos de atividades empresariais que têm a mesma característica, poderia ocorrer o mesmo.

Na Europa, tem-se utilizado muito do trabalho a tempo parcial. Nos Países Baixos, 33% dos trabalhadores são de meio período. Na Noruega, 20%. Na Espanha, um em cada três trabalhadores presta serviços em meio período. No Reino Unido, quase 40% dos empregos são de meio período[2].

Afirma José Pastore que, nos Estados Unidos, entre os 113 milhões de americanos que trabalham para empresas, 80% o fazem em tempo

---

2 *Employment Outlook*. Organization for Economic Co-operation and Development, July, 1993, p. 20.

integral e 20% a tempo parcial. Na década de 1970, eram 92% e 8%, respectivamente[3].

A tabela a seguir mostra a comparação, em porcentuais, do tempo de trabalho parcial entre os anos de 1986 e 1995, indicando que houve aumento nesse tipo de prestação de serviços nos países.

Países	1986			1995		
	Total	Homens	Mulheres	Total	Homens	Mulheres
Alemanha	12,9	2,1	29,8	16,3	3,6	33,8
Austrália	20,0	7,4	39,2	24,8	11,1	42,7
Bélgica	9,4	2,1	22,6	13,6	2,8	29,8
Canadá	15,2	7,6	25,3	18,6	10,6	28,2
Dinamarca	23,7	8,7	41,9	21,6	10,4	35,5
EUA	17,3	10,2	26,1	18,6	11,0	74,4
França	11,8	3,4	23,2	15,6	5,0	28,9
Grécia	5,8	3,4	11,4	4,8	2,8	8,4
Holanda	25,3	10,1	55,2	37,4	16,8	89,0
Inglaterra	21,6	4,6	45,0	24,1	7,7	44,3
Irlanda	6,2	2,5	14,2	11,3	5,1	21,7
Itália	5,0	2,8	9,5	6,4	2,9	12,7
Japão	16,6	7,3	30,5	20,1	10,1	34,9
Luxemburgo	6,6	1,8	15,4	7,9	1,1	20,3
Noruega	23,1	7,9	45,0	21,2	9,4	46,6
Portugal	6,0	3,4	10,0	7,5	4,3	11,6
Suécia	25,2	6,7	45,1	24,3	9,4	73,34

Nos Países Baixos, no início dos anos 1990, 16% da força de trabalho masculina e 60% das mulheres trabalhadoras mantinham contrato de trabalho em regime de meio expediente.

---

3 PASTORE, José. *A agonia do emprego*. São Paulo: LTr, 1997, p. 79. Pouco emprego, muito trabalho.

Há uma tendência nos países desenvolvidos da transformação do contrato de tempo integral em parcial.

Na Inglaterra, muitos trabalhadores têm-se utilizado do trabalho *part time*, o que os obriga a ter dois ou mais empregos para fazerem frente ao custo de vida.

13.6 Legislação

A legislação brasileira não impedia a contratação a tempo parcial. O trabalho a tempo parcial já poderia ser feito anteriormente, mesmo sem a edição de medida provisória, pois o empregado pode ser contratado à base horária, como ocorre, por exemplo, na construção civil. O salário mínimo é fixado à base horária à razão do divisor 220 (§ 1º do art. 6º da Lei n. 8.542/92), que corresponde ao número de horas mensais, observado o módulo semanal de 44 horas. O art. 444 da CLT permite que as partes estabeleçam livremente condições de trabalho. Como o limite de horas de trabalho é menor do que o normal, nada impede a fixação do trabalho a tempo parcial pelas partes interessadas.

13.7 Transformação de contratos

Previa o art. 5º da Medida Provisória n. 1.709/98 que "a adoção do regime de tempo parcial será feita mediante opção dos atuais empregados, manifestada perante a empresa, ou contratação de novos empregados sob o regime previsto nesta Medida Provisória".

Para novos funcionários, nada impedia a adoção das regras do trabalho parcial. Entretanto, para os funcionários que estivessem na empresa, seria possível a manutenção do mesmo salário-horário, para aqueles que ganham por hora. Para quem ganha por mês, será vedada a redução de salário. A redução da jornada só poderia, contudo, ser feita por convenção ou acordo coletivo de trabalho, segundo o inciso XIII, do art. 7º da Constituição, e não por acordo individual, o que tornava a Medida Provisória inconstitucional.

Dispôs o § 2º do art. 58-A da CLT que "para os atuais empregados, a adoção do regime de tempo parcial será feita mediante opção manifestada perante a empresa, na forma prevista em instrumento decorrente de negociação coletiva". Agora, a previsão legal é expressa no sentido de que a negociação será coletiva e não mediante opção individual, isto é, por meio de convenção ou acordo coletivo. Do contrário, não terá qualquer validade.

13.8 Salário

O salário a ser pago aos empregados sob o regime de tempo parcial será proporcional à sua jornada, em relação aos empregados que cumprem, nas mesmas funções, tempo integral.

Isso quer dizer que o empregador deverá observar o salário mínimo horário, o piso salarial horário da categoria profissional ou, se for o caso, o salário profissional horário. Não será possível pagar salário inferior aos mencionados.

Já há menção expressa dc que o salário dos empregados a tempo parcial será proporcional à sua jornada em relação aos que cumprem, nas mesmas funções, tempo integral. Isso quer significar que o empregado contratado a tempo parcial deve ganhar o mesmo salário horário que outro empregado exercente da mesma função. Não se aplica aqui a regra do art. 461 da CLT, que permite ao paradigma que tem mais de dois anos de tempo de serviço na função ou maior produtividade e perfeição técnica ganhar mais do que o equiparando. A lei, no caso, dispõe que o salário deve ser igual para o exercício da mesma função, calculado de forma horária.

Os empregados contratados a tempo parcial não poderão prestar horas extras, pois do contrário se iria desnaturar esse tipo de contratação, que visa à criação de empregos. Caso o empregado preste horas extras, o empregado deverá pagá-las, sem prejuízo da multa administrativa. Caso o empregado a tempo parcial seja contratado por 26 horas semanais, pode fazer até 6 horas extras por semana.

13.9 Férias

As férias de um empregado comum são normalmente de 30 dias, de acordo com a escala prevista no art. 130 da CLT, que depende do número de faltas do trabalhador.

No contrato a tempo parcial, as férias também devem observar a regra do art. 130 da CLT (§ 7º do art. 58-A da CLT).

13.10 Conclusão

Para que o sistema de trabalho a tempo parcial funcione, é mister que tenha a aceitação não só do empregado, mas, principalmente, do empregador. Se tal modalidade de trabalho tiver um custo menor que a contratação por tempo indeterminado, com certeza o empregador vai adotá-la. Ao contrário, se o seu custo for superior, irá evitá-la ou desprezá-la.

O trabalho a tempo parcial pode ajudar a minorar os efeitos do desemprego; porém, dependendo da hipótese, pode constituir-se numa forma de desemprego parcial, dada sua precariedade. Entretanto, é melhor ter um emprego, ainda que o salário seja modesto e o trabalho seja em algumas horas do dia, do que simplesmente não se ter emprego.

14
Trabalho Intermitente

Na França, existe o *travail à la demande* (trabalho ocasional), que corresponde ao *labour call* dos ingleses.

No trabalho intermitente, o empregado não presta serviços todos os dias, mas nos períodos em que há necessidade de trabalho. Há uma alternância de períodos de atividade do empregado com períodos de inatividade.

O trabalho irá ocorrer em um ou alguns dias da semana, em algumas semanas, em alguns dias do mês ou do ano.

Fala-se em trabalho fixo descontínuo e em trabalhadores por chamada.

Há descontinuidade da prestação do serviço para o mesmo tomador, que pode, dependendo do caso, implicar a inexistência do vínculo de emprego, pelo trabalho ser eventual.

Difere o trabalho intermitente do sazonal, pois neste há prestação de serviços em certas épocas do ano, como na plantação ou nas colheitas, que ocorrem, geralmente, na mesma época todos os anos.

Distancia-se o trabalho intermitente do temporário. Neste, o trabalhador presta serviços por no máximo três meses. No primeiro, o trabalhador pode nem mesmo prestar serviços dentro do referido período. No trabalho temporário, há uma relação triangular: trabalhador temporário, empresa de trabalho temporário e empresa tomadora dos serviços ou cliente. No trabalho intermitente, há apenas duas pessoas na relação: o trabalhador e a empresa.

Distingue-se o trabalho intermitente do trabalho a tempo parcial. Neste, o empregado presta serviços todos os dias, embora com jornada reduzida, sendo o contrato, geralmente, de tempo indeterminado. No trabalho intermitente, o prestador dos serviços não sabe quando vai trabalhar, nem quantas horas por dia, pois é chamado apenas quando há necessidade. Há dias seguidos ou meses sem trabalho. O trabalhador não sabe os períodos em que vai trabalhar, dependendo da requisição feita pela empresa. Nesse ponto, é negativo, pois pode ficar longos períodos sem trabalhar e sem receber remuneração. Cria-lhe ansiedade e, ao mesmo tempo, angústia, já que não sabe se vai ter trabalho após terminar o serviço.

O trabalho intermitente é utilizado em hotéis, quando há mais necessidade de mão de obra em certas épocas do ano, como em feriados prolongados, férias, fim de ano. Nestes períodos, a empresa hoteleira precisa de mais trabalhadores do que em outros, como garçons, cozinheiros, arrumadoras, faxineiras etc. Também pode ser usado no comércio na época de Natal, quando é necessário um número maior de trabalhadores.

Considera o art. 452 da CLT por tempo indeterminado todo contrato que suceder, dentro de seis meses, a outro contrato por tempo determinado, salvo se a expiração deste depender da execução de serviços especializados ou da realização de certos acontecimentos. Não trata o artigo citado da prorrogação de contratos que estão em vigor, que é permitida por uma vez, mas de sucessão de contratos, pois é celebrado um novo pacto laboral.

Realização de certos acontecimentos poderia ser a sucessividade de contratos por tempo determinado de safra, de obra certa e os contratos de temporada realizados em hotéis, pois o empregado seria apenas contratado para esse fim, que tem uma previsão aproximada. Haveria a possibilidade da celebração de vários contratos seguidos por tempo determinado em razão da safra, de outra obra ou da temporada.

Empregados de hotéis são necessários em maior número apenas em certas épocas do ano, como as de férias, feriados prolongados etc. Há, assim, a possibilidade da renovação sucessiva de tais pactos, pois dependem da realização de certos acontecimentos.

Execução de serviços especializados poderia ocorrer na necessidade da montagem técnica de uma máquina ou de outro serviço, sendo preciso chamar um técnico altamente especializado.

O trabalho intermitente caracteriza-se por uma duração anual mínima, tendo períodos de trabalho alternados com períodos sem trabalho. O trabalho *saisonnier* (art. 1.244-2 do Código de Trabalho francês) é uma modalidade de trabalho intermitente[1], seria trabalho por estação. É usado na agricultura e no turismo.

Em Portugal, na empresa que exerça atividade com descontinuidade ou intensidade variável, as partes podem acordar que a prestação de trabalho seja intercalada por um ou mais períodos de inatividade (art. 157, 1, do Código do Trabalho). O contrato de trabalho intermitente não pode ser celebrado a termo resolutivo ou em regime de trabalho temporário (art. 157, 2).

O contrato de trabalho intermitente está sujeito a forma escrita e deve conter:

a) Identificação, assinaturas e domicílio ou sede das partes;

b) Indicação do número anual de horas de trabalho, ou do número anual de dias de trabalho a tempo completo (art. 158, 1).

Quando não tenha sido observada a forma escrita, ou na falta da indicação referida na alínea *b* do número anterior, considera-se o contrato celebrado sem período de inatividade. O contrato considera-se celebrado pelo número anual de horas resultante do disposto no n. 2 do artigo seguinte, caso o número anual de horas de trabalho ou o número anual de dias de trabalho a tempo completo seja inferior a esse limite.

As partes estabelecem a duração da prestação de trabalho, de modo consecutivo ou interpolado, bem como o início e termo de cada período de trabalho, ou a antecedência com que o empregador deve informar o trabalhador do início daquele (art. 159, 1).

A prestação de trabalho referida no número anterior não pode ser inferior a seis meses a tempo completo, por ano, dos quais pelo menos quatro meses devem ser consecutivos (art. 159, 2).

A antecedência a que se refere o n. 1 não deve ser inferior a 20 dias (art. 159, 3).

Constitui contraordenação grave a violação do disposto no número anterior. Durante o período de inatividade, o trabalhador tem direito a compensação retributiva em valor estabelecido em instrumento de regu-

---

1 LYON CAEN, Gérard. *Le droit du travail non salarié*. Paris: Sirey, 1990, p. 34.

lamentação coletiva de trabalho ou, na sua falta, de 20 % da retribuição base, a pagar pelo empregador com periodicidade igual à da retribuição (art. 160, 1).

Os subsídios de férias e de Natal são calculados com base na média dos valores de retribuições e compensações retributivas auferidas nos últimos 12 meses, ou no período de duração do contrato se esta for inferior. Durante o período de inatividade, o trabalhador pode exercer outra atividade. Durante o período de inatividade, mantêm-se os direitos, deveres e garantias das partes que não pressuponham a efetiva prestação de trabalho. Constitui contraordenação grave a violação do disposto nos n. 1 ou 2.

15

Flexibilização de Horários

15.1 Introdução

A flexibilização da jornada de trabalho proporciona tempo livre ao empregado para que possa fazer outras coisas, como estudar, frequentar a igreja, o clube etc.

Pode proporcionar maior produtividade na empresa, pois o empregado trabalha mais descansado. É sabido que o maior índice de acidentes do trabalho ocorre no período da prorrogação da jornada de trabalho, quando o empregado já está cansado. O trabalhador esgotado fisicamente tem baixo rendimento, baixa produtividade.

A limitação do tempo de trabalho é uma forma de atenuar os efeitos do desemprego, pois podem ser contratados outros trabalhadores com a menor jornada de trabalho para os empregados que já trabalham na empresa. É a afirmação: trabalhar menos, para trabalharem todos.

Pode a flexibilização de horários ser adotada de várias formas, como a anualização, a recuperação, horários individualizados, horários cíclicos.

A anualização compreende a divisão das horas de trabalho durante o ano. Compreende a duração anual, a duração média e a duração semanal máxima.

A duração anual implica o estabelecimento de um número de horas de trabalho no ano, que serão distribuídas de acordo com as necessidades das pessoas envolvidas. Há mais trabalho durante alguns meses do ano e pouco em outros. Em países em que o clima é muito frio, esse fator é positivo, pois o empregado trabalha nos meses de verão e pode não trabalhar em épocas de inverno, em que é impossível sair de casa, seja pelo frio, seja pelo acúmulo de neve, pelo fato de as estradas estarem intransitáveis etc.

Na duração semanal média, é fixado um limite mínimo e máximo de horas a serem trabalhadas dentro da semana, dentro de um parâmetro anual. Em certas épocas, há mais trabalho. Em outras, menos trabalho, dentro da média. O trabalho acima de certo limite implica o pagamento de horas extras.

A recuperação é o trabalho a mais em certos dias para compensar a paralisação da empresa por algum motivo quando não for possível trabalhar.

Mostra o § 3º do art. 61 da CLT a possibilidade da prorrogação da jornada em virtude de interrupção do trabalho de toda a empresa, resultante de causas acidentais, ou de força maior, que determinem a impossibilidade da realização do serviço. A prorrogação será de no máximo 2 horas, durante o número de dias indispensáveis à recuperação do tempo perdido, desde que não sejam excedidas 10 horas diárias, em período não superior a 45 dias por ano. Há necessidade de prévia autorização da DRT. Assim, o empregado fará no máximo 90 horas por ano, isto é, duas horas por dia e até 45 dias por ano.

O empregado deverá receber as horas trabalhadas além da jornada normal como extras, pois se trata de tempo à disposição do empregador (art. 4º da CLT), além de que o empregador é que deve assumir os riscos da atividade econômica decorrentes da paralisação (art. 2º da CLT). A Constituição também não faz distinção quanto às horas extras para a recuperação por paralisações, pois não deixam de ser horas suplementares, revelando, assim, que haverá pagamento de adicional de horas extras, que será de 50%.

Os horários individualizados permitem ao empregado fazer seu horário dentro de um período obrigatório que é estabelecido. Por exemplo, tem de entrar na empresa entre 8 e 9 horas e sair entre 17 ou 19 horas, podendo adaptar sua jornada dentro dos parâmetros expostos. No dia em que entra mais tarde, sai mais tarde. Quando entra mais cedo, deixa a empresa mais cedo.

Em alguns casos, em vez de se reduzir a jornada, esta tem sido aumentada. Foi o que ocorreu com a Philips Consumer Communications, subsidiária da Philips holandesa. Foi construído em Le Mans, na França, o centro mundial de produção de telefones. A capacidade de produção é de 6.000/7.000 telefones por dia. Foi reduzida a jornada de trabalho e foram aumentados os dias de trabalho de cinco para sete dias na semana. A empresa passou a trabalhar 24 horas por dia, em aproximadamente 355 dias do ano. O maquinário não fica ocioso. Houve a contratação de 400 empregados, acrescidos aos 500 já existentes.

Estima-se que 500 novos empregos foram resultado da redução da jornada de trabalho. Trabalha-se em média 32 horas por semana, sendo que os trabalhadores não recebem menos do que quando trabalhavam 35 horas por semana. As pessoas que trabalham às sextas-feiras, sábados e domingos estarão com uma carga de apenas 24 horas semanais. Houve necessidade de menos linhas de produção para atingir o nível de produção desejado, obtendo-se redução dos custos de investimentos, principalmente da necessidade de novo espaço físico. A produtividade do trabalhador pode melhorar, pois trabalha menos horas. A Philips pode enquadrar-se em nova lei, que permite a redução de encargos sociais, em razão da redução de 10% da jornada de trabalho e da contratação de um número proporcional de novos empregados[1].

15.2 Horário flexível

A flexibilização da jornada de trabalho é denominada nos países de língua inglesa de *flextime* ou *flexible working hours*.

A. I. Marsh e. O. Evans definem *flexible working hours* ou *flextime* como uma prática em que cada trabalhador tem a permissão de arranjar sua entrada ou saída na empresa para atender a seus próprios compromissos, trabalhando dentro de um horário fixo a cada dia (das 10 às 16 horas). Ficam à disposição dentro de um período do número total de horas para

---

1 BLANPAIN, Roger. O futuro do acordo coletivo. *Anais do Seminário Internacional de Relações de trabalho*. Aspectos jurídicos, sociais e econômicos. Brasília: Ministério do Trabalho, 1998, p. 124-125.

as quais foram contratados para trabalhar; é encontrado entre os trabalhadores de "colarinho branco", mas não limitado a eles[2].

No sistema em comentário, o funcionário entra mais cedo, saindo mais cedo do trabalho, ou ingressa mais tarde no serviço, saindo, também, em horário mais adiantado do que o normal, estabelecendo, assim, seu próprio horário de trabalho, trabalhando mais horas num determinado dia ou semana para trabalhar menor número de horas em outros dias; porém, há necessidade de se observar certo número mínimo de horas trabalhadas no ano, no mês ou na semana. O trabalhador pode ter uma parte do horário fixa e a outra móvel, como estar na empresa entre às 10 e às 15 horas, sendo o restante do horário móvel.

Foi adotado pela primeira vez numa empresa sueca, por volta de 1960. Foi com sua implantação na empresa alemã Messerschmitt-Bölkow-Blohm, em 1967, que se tornou conhecido. Outros países passaram a adotá-lo.

Distingue-se o horário flexível do horário livre. Neste, o empregado trabalha no horário que deseja. No primeiro, deve ter presença obrigatória em certos horários determinados pelo empregador, dentro de um limite mínimo e máximo de trabalho. Teoricamente, no horário livre o funcionário pode até não trabalhar em determinado dia, fazendo o horário que desejar. Isso já não ocorre no horário flexível.

O horário flexível é bom para adequar as necessidades da empresa à produção, de forma que, em certos dias, o empregado pode trabalhar mais para, em outros, trabalhar menos. No horário flexível, necessariamente o empregado trabalha algumas horas por dia. Não chega a ficar sem trabalhar em alguns dias.

O horário flexível permite que uma mãe saia mais cedo ou entre mais tarde no serviço, que leve seu filho ao médico, sem que sofra desconto em seu salário.

Com o horário flexível, o empregado pode adequar também suas necessidades às da empresa, implicando diminuição do absenteísmo e da rotatividade de mão de obra, pois o obreiro não precisa faltar para cuidar de assuntos particulares, podendo verificá-los nas horas em que não irá trabalhar.

---

2 MARSH, A. I.; EVANS, E. O. *The dictionary of industrial relations*. Londres: Hutchinson, 1973, p. 120.

Há menor necessidade de horas extraordinárias, pois a produção fica adequada às necessidades da empresa. Há mais trabalho em certo período e menos em outro. É uma forma de adequar os estoques da empresa. As horas são mais bem distribuídas durante certo período de tempo, sem que haja necessidade de horas extras, ou então estas são consideravelmente diminuídas.

Existe possibilidade de um planejamento mais eficaz da produção, em que serão necessárias mais horas de trabalho durante certas épocas e menos horas em outras oportunidades.

As mulheres, os idosos, os estudantes podem melhor adequar suas necessidades com as da empresa. As mulheres podem cuidar de seus afazeres domésticos ou de seus filhos mediante combinação com a empresa, de modo a trabalhar mais em certos períodos e menos em outros. Existe maior possibilidade de inserção da mulher no mercado de trabalho. Deixa de haver a incompatibilidade entre o horário de trabalho e o horário dos afazeres domésticos. Os estudantes podem combinar os estudos com o trabalho, de modo que um não prejudique o outro. Os idosos também podem compatibilizar suas necessidades com as da empresa.

O transporte coletivo também pode ser usado mais racionalmente, sem os atropelos da hora do *rush*, pois as pessoas não vão entrar e sair nos mesmos horários. Compreende diminuição do tempo de deslocamento.

O trânsito também pode melhorar, em razão da diversidade de horários em que as pessoas irão ou voltarão do trabalho. Diminui o engarrafamento na hora do *rush*. Isso pode implicar diminuição da poluição, melhorando a qualidade do ar das cidades.

A melhor flexibilização do tempo de trabalho diminui a fadiga do trabalhador, aumenta a produtividade, implicando que poderá destinar as horas para outros afazeres.

O empregado pode melhor utilizar seu tempo livre, fazendo um curso, voltando a estudar, a frequentar o clube ou a igreja etc.

Horários variáveis podem melhorar as condições de trabalho e até aumentar a produtividade, pois o trabalhador presta serviços sem se preocupar com certos afazeres particulares que precisa realizar.

Em Portugal, a jornada é de 8 horas, a duração semanal é de 40 horas. A flexibilização da jornada é estabelecida em 4 horas.

16 Teletrabalho

16.1 Histórico

A origem do trabalho a distância é a utilização do telégrafo em 1857, nos Estados Unidos, na Companhia Estrada de Ferro Penn, que passou a usar o equipamento para gerenciamento do pessoal que trabalhava distante do escritório central[1].

Jack Nilles, em 1971, era Secretário do Comitê de Investigação da Aeroespace Corporation, no sul da Califórnia, que fazia desenhos de veículos especiais para o Departamento de Defesa e para a NASA. Nas suas pesquisas de desenvolvimento de diversificação de veículos para a atividade do setor civil foi até Santa Bárbara. Foi indagado pela autoridade responsável pelo planejamento regional: se vocês conseguem pôr o homem na Lua, por que não ajudam a resolver este maldito problema de trânsito? Por que não arrumam uma forma de as pessoas ficarem em casa trabalhando em vez de se meterem nestes engarrafamentos infernais para chegar ao trabalho?

Nilles apresentou a ideia à chefia da Aerospace Corporation. A instituição não adotou a ideia em razão de não estar inserida nos objetivos da instituição.

Em 1972, Nilles deixou a Aerospace e passou a trabalhar como diretor de desenvolvimento de programas interdisciplinares na Universida-

[1] KUGELMAS, Joel. *Telecommuting*: a manager´s guide to flexible work arrangements. Nova York: Lexington Books, 1995.

de do Sul da Califórnia. Implementou o Programa de "Permuta entre Transportes e Telecomunicações".

Em 1973, com o apoio da Fundação Nacional para a Ciência (National Science Foudation) redigiu uma proposta para o desenvolvimento de uma política de relacionamento entre telecomunicação e transporte. Foi implantado o projeto numa empresa de seguros de Los Angeles. O resultado foi publicado em 1974 no livro *The telecommunications-transportation tradeoff*.

Jack Nilles é considerado o pai do teletrabalho. É autor de várias obras sobre o tema[2].

Nas Olimpíadas de Los Angeles de 1984 foi experimentado com sucesso o sistema de telecomutação, em razão do trânsito caótico na cidade e para evitar o agravamento em razão do evento. Essa experiência foi repetida na Olimpíada de Atlanta, em 1996. O resultado foi acima das expectativas, em razão de que o teletrabalho foi usado conforme as necessidades de cada local e de cada empresa.

Parece que foi usado em Londres, em 2012, o mesmo sistema, em que as pessoas ficavam em casa para permitir a circulação dos turistas.

A partir da pandemia do coronavírus em 2020 o teletrabalho passou a ser ainda mais utilizado por todos os que podem trabalhar de casa.

16.2 Denominação

A palavra teletrabalho é um neologismo de duas palavras: *tele* de origem grega, que significa longe, ao longe, ou longe de, distância; e trabalho, originada do latim *tripalium*, que é uma espécie de instrumento de tortura ou canga (peça de madeira que prende os bois pelo pescoço e os liga ao carro ou ao arado) que pesava sobre os animais.

---

2 NILLES, Jack. *Making the telecommuting Happen*. A guide for telemanagers and telecommuters. Nova York: International Thonson, 1994; *Fazendo do teletrabalho uma realidade*. São Paulo: Futura, 1997; *Managing Telework*. Strategies for managing the virtual workforce. Nova York, Wiley, 1998.

É chamado o teletrabalho de trabalho periférico, a distância, remoto.

Nos Estados Unidos, usa-se a palavra *telecommuting*, que significa trocar o transporte pela telecomunicação, visando evitar o deslocamento casa-trabalho e trabalho-casa[3]. *Telecomutters* são pessoas que trabalham em suas residências, onde têm computadores conectados com suas empresas. Seria uma forma de trabalho a distância. *Networking* é trabalhar ligado a rede. *Remote working* é o trabalho remoto ou à distância. Flexible working é o trabalho flexível. *Home working* é o trabalho em casa. No Reino Unido usa-se *teleworking*.

Em alemão utiliza-se a expressão trabalho por telecomunicação (*telearbeit* ou *fernarbeit*). *Telearbeiter* é o "teletrabalhador".

Em italiano é usada a palavra *telelavoro*. Em espanhol, *teletrabajo*.

Em francês usa-se *telependulaire*, *télétravail*.

Hoje se fala em enviar o trabalho à pessoa e não a pessoa ao trabalho.

16.3 Conceito

O trabalho a distância é o gênero. Entre suas espécies há o trabalho em domicílio e o teletrabalho.

O trabalho em domicílio pode ser feito por meio de teletrabalho, mas isso não é a regra, pois pode não ocorrer.

Di Martino e Mirth definem o teletrabalho como o efetuado em um lugar distanciado das oficinas centrais de produção; o trabalhador não mantém contato pessoal com seus colegas, estando em condições de se comunicar com eles por meio de novas tecnologias[4].

Pinho Pedreira afirma que o teletrabalho é a atividade do trabalhador desenvolvida total ou parcialmente em locais distantes da sede principal da empresa, de forma telemática. Explica que a atividade do trabalhador

---

3 Jack Nilles usa a referida palavra (*Telecommuting happen*. A guide for telemanagers and telecommuters. Nova York. International Thonson, 1994).

4 DI MARTINO, Vittorio; WIRTH, Linda. Teletrabajo: un nuevo modo de trabajo y de vida, *Revista Internacional del Trabajo*, Genebra, OIT, 1990, 109 (4): 471.

pode ser desenvolvida totalmente fora da empresa ou de forma parcial, parte na empresa e parte fora dela[5].

Javier Thibault Aranda define o teletrabalho como "forma de organização e ou execução do trabalho realizado em grande parte, ou principalmente, à distância e mediante o uso intensivo das técnicas de informática e ou da telecomunicação"[6].

A lei italiana 191, de 16 de junho de 1998, dispõe sobre a implantação do teletrabalho na administração pública. Afirma que teletrabalho é:

> a prestação de trabalho realizada por um trabalhador em uma das administrações públicas (...) em um lugar considerado idôneo, situado fora da empresa, onde a prestação seja tecnicamente possível e com prevalente suporte de uma tecnologia da informação e da comunicação que permita a união com a Administração de que depende.

O artigo 165º do Código de Trabalho de Portugal afirma que teletrabalho é "a prestação laboral realizada com subordinação jurídica, habitualmente fora da empresa e através do recurso a tecnologias de informação e de comunicação".

Considera-se teletrabalho a prestação de serviços preponderantemente fora das dependências do empregador, com a utilização de tecnologias de informação e de comunicação que, por sua natureza, não se constituam como trabalho externo (art. 75-B da CLT).

O comparecimento às dependências do empregador para a realização de atividades específicas que exijam a presença do empregado no estabelecimento não descaracteriza o regime de teletrabalho (parágrafo único do art. 75-B da CLT).

Teletrabalho é o trabalho a distância com uso de tecnologia e de recursos eletrônicos. O trabalho não é realizado na sede da empresa. É feito a distância, que é o elemento espacial. É fundamental a utilização de meios telemáticos.

---

5 PEDREIRA, Luiz de Pinho. O teletrabalho, LTr 64-05/584.

6 THIBAULT ARANDA, Javier. *El teletrabajo: analisis jurídico-laboral*. 2. ed. Madrid: Consejo Economico y Social, 2001, p. 28.

Não será teletrabalho o enviado ao empregador por meios de comunicação comuns, como telefone, correio.

Jack Nilles fala em enviar o trabalho ao trabalhador e não o trabalhador ao trabalho.

A Convenção n. 177 da OIT trata do trabalho em domicílio. Esta convenção não foi ratificada pelo Brasil. O artigo 1º prevê que o trabalho em domicílio significa o trabalho que uma pessoa, designada como trabalhador em domicílio, realiza em seu domicílio ou em outros locais que escolher, mas distintos dos locais de trabalho do empregador, em troca de remuneração, com o fim de produzir um produto ou prestar um serviço, conforme as especificações do empregador, independentemente de quem proporcione os equipamentos, materiais ou outros elementos utilizados.

Fica excetuado dessa condição o que tiver nível de autonomia e de independência econômica suficiente para ser considerado trabalhador independente, em virtude da legislação nacional ou de decisões judiciais. Uma pessoa que tenha a condição de assalariado não deve ser considerada trabalhador em domicílio pelo fato de realizar ocasionalmente o seu trabalho como assalariado em seu domicílio, em vez de realizá-lo em seu local de trabalho habitual (art. 1º, *b*). O empregador é entendido como uma pessoa física ou jurídica que, de modo direto ou por um intermediário oferece trabalho em domicílio por conta de sua empresa (art. 1º, *c*).

Prevê no artigo 4º que, na medida do possível, a política nacional em matéria de trabalho em domicílio deve promover a igualdade de tratamento entre os trabalhadores em domicílio e os outros trabalhadores assalariados, levando em conta as características particulares do trabalho em domicílio e, se for o caso, as condições aplicáveis a um trabalho idêntico ou similar realizado na empresa. Foi complementada pela Recomendação n. 184.

O teletrabalho é uma forma de flexibilização de condições de trabalho, pois o empregado não terá que trabalhar todos os dias na empresa. Há, portanto, uma modificação de condições de trabalho, pois o empregado passa a trabalhar na sua própria residência.

16.4 Distinção

O teletrabalho não se confunde com certos trabalhadores da área de informática, como analistas, programadores, digitadores e operadores, pois é o realizado a distância, fora do ambiente normal de trabalho, que é feito dentro da empresa. O trabalho daquelas pessoas também pode ser realizado fora da empresa, mas não é feito por meio de comunicação eletrônica, mas desenvolvido no tomador dos serviços.

Todo teletrabalho é considerado trabalho a distância, mas nem todo trabalho a distância pode ser considerado teletrabalho. O trabalho em domicílio também é um trabalho a distância, mas pode usar tecnologia ou não. As costureiras não usam tecnologia ou aparelhos eletrônicos para trabalhar. Logo, não é teletrabalho, mas trabalho a distância.

Trabalho em domicílio é mais frequente em atividades manuais, como de costureiras. O teletrabalho é mais comum em atividades em que a pessoa deve conhecimentos especializados, como de jornalistas, de tradução.

Nem todo teletrabalho é trabalho em domicílio, pois o trabalhador pode trabalhar no seu veículo, conectado com o empregador por meio de computador, smartphone, iphone etc.

O trabalho realizado por vendedores e representantes comerciais autônomos é trabalho a distância, mas não é teletrabalho, caso não haja utilização de tecnologia.

Teletrabalho é usado para o trabalha a distância com o uso de tecnologia. *Telecomutting* é usado no caso de substituição do deslocamento do trabalhador até a empresa.

16.5 Natureza jurídica

A natureza jurídica da relação vai depender do tipo de situação fática que envolva as partes. Pode ser um contrato de trabalho, um contrato de prestação de serviços sem vínculo de emprego etc. O teletrabalho representa uma modalidade de organização da atividade do empresário[7]. São utilizadas normas previstas para outros contratos, que são adaptadas. Poderá ser um contrato de natureza civil, comercial, trabalhista, ou a mistura dos dois primeiros.

---

[7] RAY, Jean-Emmanuel. Le droit du travail à l'épreuve du teletravail, *Droit Social*, n. 2, fevereiro de 1996, p. 123.

Entretanto, deverá ocorrer fora do âmbito da empresa, utilizando tecnologia.

16.6 Classificação

Pinho Pedreira indica três grupos de teletrabalho:

• trabalho em telecentros, locais das próprias empresas, porém situados fora da sede central. Seriam pequenos estabelecimentos da empresa, separados da sede central, mas dela dependentes e que se comunicam por meios eletrônicos;

• teletrabalho em domicílio. É chamado de telecabana ou vicinal. Os americanos e ingleses o denominam de ABC (Advance Business Center). Pode ocorrer com qualquer trabalhador que presta serviços na sua residência para outra pessoa;

• teletrabalho nômade, que é o realizado por pessoas que não têm lugar fixo para a prestação dos serviços e passam a maior parte do tempo fora da empresa[8]. É encontrado no trabalho dos autônomos, representantes comerciais etc.

O teletrabalho pode ser esporádico, em que é realizado alguns dias por mês e não todos os dias fora da sede da empresa e mediante conexão virtual com ela. Pode ser realizado apenas fora da empresa. Pode ser misto, em que parte do tempo é feito na empresa e parte em local distante da empresa, como pode ocorrer com vendedores, que vêm para empresa apenas quando haja necessidade de reuniões presenciais.

16.7 Utilização do teletrabalho

Estima-se que hoje existem 75 milhões de pessoas no mundo que usam a Internet, seja no trabalho ou em casa.

Nos Estados Unidos, os teletrabalhadores eram apenas três milhões

---

[8] PEDREIRA, Luiz de Pinho. O teletrabalho, *LTr* 64-05/583.

em 1990[9]. Em 1992 passaram a cinco milhões[10]. Em 1997 eram dez milhões[11].

Na Grã-Bretanha, em 1994, os teletrabalhadores alcançavam 2,1 milhões[12].

Na França, em 1994, oito milhões de trabalhadores prestavam serviços com computadores, sendo que pelo menos 38% permaneciam três horas diante do monitor[13].

A Associação Brasileira de Recursos Humanos, na sua secção do Rio de Janeiro, estimou que, no final do ano 2000, 15% da força de trabalho do país teria como escritório a própria casa[14].

16.8 Vantagens e desvantagens

A nova tecnologia pode influir no tempo em que o empregado fica à disposição do empregador, surgindo o "teletrabalho", o trabalho a distância e ressurgindo o trabalho em domicílio, em que o trabalhador fica em casa e aí trabalha, comunicando-se com outras pessoas por fax, telefone, telefone celular, Internet etc.

O prestador dos serviços passa a se utilizar de outros tipos de equipamentos, como lap top, palm top, handhelds, notebook, scanners, computador, impressoras portáteis, smartphones, tablets.

---

[9] Dados da Link Resources, empresa de pesquisa de Nova Iorque, citados por M. Moraes. Tecnologia tira executivo do escritório, *Folha de São Paulo*, 14 de dezembro de 1994, p. 6-2.

[10] Ray, Jean-Emmanuel. Nouvelles technologics et nouvelles formes de subordination, *Droit Social*, n. 6, jun. 1992, p. 527.

[11] FIORA, L. H. Escritório virtual, *Exame Informática*, n. 135, ano 12, São Paulo, Abril Cultural, 1997, p. 54.

[12] MALBERGIER, S. Estudo mostra neura de trabalhar em casa, *Folha de São Paulo*, 7 de agosto de 1994, p. 4-5.

[13] BEER, A. L'informatique, prédratrice ou créatrice d'emplois?, Le travail au XXI siècle. Mutations de l'économie et de la société à l'ère des autoroutes de l'information, Paris, Dunod, 1995, p. 83-84.

[14] Formato do teletrabalho amplia adesões. *Folha de São Paulo*, 4 de junho de 2000, p. 4, do Caderno de Empregos.

O trabalhador pode fazer seu serviço em qualquer parte do mundo e enviar seu relatório via e-mail, fax etc. Muitas vezes, só comparece na empresa quando há necessidade de reuniões. Nos Estados Unidos, empresas de programas de computadores têm contratado indianos, na Índia, para desenvolverem programas, sendo o trabalho enviado pela Internet.

Esses trabalhadores são usados por serem altamente especializados e pelo fato de que o custo do seu trabalho é mais baixo do que o de obreiros de outros países. *Call centers* são estabelecidos na Índia para atendimento de seguros ou outras modalidades visando ao atendimento nos Estados Unidos. Isso ocorre em razão de que o custo é baixo e de que os indianos falam inglês.

Certos correspondentes de jornais e revistas já escrevem textos a distância e mandam o artigo por fax. É o que ocorre com correspondentes internacionais, mas também ocorre com jornalistas locais, que muitas vezes nem sequer vão à redação do jornal. Podem trabalhar em qualquer lugar e enviam seu artigo pela Internet para o jornal.

É comum verificar no aeroporto pessoas com computadores abertos, verificando gráficos, lendo textos, conectados à Internet, enviando mensagens e consultando e-mails pelo telefone. Executivos levam seu *lap top* em viagens e trabalham no quarto do hotel. Estes fornecem gratuitamente ou mediante pagamento o uso de Internet.

Em vez de se fazer o trabalho num escritório comum, passa a haver o trabalho em um escritório virtual.

Conheço juízes que moram em outras cidades. Fazem e corrigem votos e enviam-nos pela Internet ou recebem textos pela Internet. Podem não vir todos os dias ao tribunal. Há juízes que vão ao Tribunal nos dias de sessão. Nos outros dias trabalham em casa, que rende muito mais e não precisa perder tempo no trânsito.

Há funcionários do TRT que trabalham em casa. Vêm uma vez por semana para entregar os processos e pegar outros.

O trabalhador poderá ficar mais tempo em casa com a família, aprimorando-se culturalmente e até dedicando-se ao lazer. Pode ser uma forma de manter a continuidade do contrato de trabalho e de evitar as dispensas.

As mulheres podem adaptar-se ao teletrabalho em razão dos afazeres domésticos, que também demandam tempo. Seria possível a combinação dos afazeres domésticos com o próprio trabalho na residência da pessoa, como já acontece com o trabalho em domicílio. Mulheres que têm crianças podem melhor ajustar suas necessidades ao trabalho desenvolvido em sua residência.

Estudantes podem fazer o trabalho em casa, conciliando a prestação de serviços com seu horário escolar.

As vendas podem ser feitas até pela Internet ou por telefone. A tradução de documentos ou textos pode ser realizada na casa do tradutor e enviada por fax ou pela Internet ao editor. Seriam formas de trabalho em domicílio. O vendedor, viajante ou pracista pode trabalhar no seu próprio veículo, que é dotado de telefone celular e fax.

Deficientes físicos também poderão melhor utilizar o teletrabalho, pois não precisarão fazer deslocamentos de uma localidade para outra.

Surge também o tele-ensino, como já ocorre nos telecursos de 1º e 2º graus, em que o ensino é feito pela própria televisão. Os professores e alunos não precisam estar necessariamente dentro da escola, podendo as aulas ser ministradas e assistidas pela televisão.

Permite o teletrabalho a formação de novos campos de trabalho.

A empresa não precisará ter mesas, salas e outros equipamentos para os empregados. Quando forem necessárias reuniões, a empresa pode alugar salas para esse fim. O espaço físico da empresa pode diminuir bastante, trazendo diminuição do custo para a manutenção da própria empresa. Esta não precisará ter certos equipamentos. Poderão as empresas contar com trabalhadores em qualquer parte do mundo, bastando a utilização de equipamentos de comunicação entre as pessoas.

O teletrabalho pode trazer certos problemas para o trabalhador, como o de não ter exatamente uma carreira dentro da empresa, mas trabalhar fora dela. Deixa de haver a interação do trabalhador dentro da empresa. O trabalhador não terá, porém, um horário rígido a cumprir. Se o trabalhador passa a prestar serviços como autônomo, perde a condição de empregado e benefícios indiretos decorrentes do contrato de trabalho, como cesta básica, assistência médica etc.

Em caso de dispensa, o obreiro não terá direito a verbas rescisórias, indenização. Isolado, o trabalhador terá mais dificuldades em se defender[15], em fazer reivindicações. Pode haver a diluição da categoria. As despesas do trabalhador podem coincidir com despesas domésticas, confundindo-se necessidades familiares com as de trabalho. Diminui, porém, as despesas externas (condução, combustível etc.)[16].

O risco de acidentes do trabalho diminui, mas se o trabalhador faz digitação pode ter problemas de lesão por esforços repetitivos (LER), como tenossinovite etc. Pode ocorrer desemprego em razão da falta de formação do trabalhador. O descanso do trabalhador fica reduzido, pois se confunde o trabalho com a casa. O trabalhador pode comer mais e engordar, por ficar em casa. Quando o trabalhador tem problemas de locomoção não vai trabalhar. Isso não o impede, porém, de trabalhar em casa no computador.

Traz vantagens o teletrabalho, como a redução do deslocamento e da perda de tempo com ida e volta ao trabalho, esperando horas no trânsito caótico das cidades. O desgaste físico do trabalhador com a ida e volta para o emprego e dispêndio de muito tempo parado no trânsito é menor. Pode diminuir o trânsito nas cidades e o dióxido de carbono na atmosfera. Melhora o transporte nas cidades e até a qualidade de vida das pessoas.

Diminui o consumo de combustíveis e melhora a qualidade do ar. O empregador não tem de pagar o transporte do empregado, nem horas extras, pois não há controle de horário. O empregado pode ser contactado por telefone, telefone celular, fax, "modem", pager, Internet, smartphone etc. Permite a circulação das informações de forma mais rápida. O acesso é generalizado.

As faltas ao serviço ficarão, porém, mitigadas, pois o trabalhador presta serviços em casa ou em outro local, mas não na empresa.

Haverá maior flexibilidade de horário ou até sua ausência. O traba-

---

15 BARROS, Cassio Mesquita. Teletrabalho. In: Greco, Marco Aurélio; MARTINS, Ives Gandra (Coords.). *Direito e internet*. São Paulo: Revista dos Tribunais, 2001, p. 40.

16 MARTINS, Sergio Pinto. *A continuidade do contrato de trabalho*. 2. ed. São Paulo: Saraiva, 2019, p. 301.

lhador não prestará serviços nas dependências da empresa.

Em alguns casos o empregado passa a ter contato com determinados segredos do empregador, acessados no computador mediante senhas e que não podem ser divulgados a outras pessoas. Esses dados podem ser de interesse das empresas concorrentes, como de lista de clientes, produtos etc.

O teletrabalhador deverá ser uma pessoa que tem certa qualificação ou escolaridade, pois precisará ter conhecimentos de certas tecnologias para usar o computador, acessar a Internet etc.

O empregador não terá como saber quem tem efetivamente acesso ao computador utilizado pelo trabalhador. Isso pode representar um problema em relação à segurança de dados.

16.9 Contratação do trabalhador

O contrato de trabalho pode ser escrito ou verbal e até mesmo tácito (art. 443 da CLT), em razão da prestação de serviços sem qualquer oposição por parte do empregador.

O empregado pode ser contratado pela Web. Poderá fazer prova da contratação por intermédio de e-mail. Dependendo do caso a prova poderá ser feita por criptografia, que começa a ser regulamentada no nosso sistema legal.

Geralmente, o teletrabalhador será um trabalhador mais especializado. Não será uma pessoa ignorante. Logo, terá noção do que foi contratado e da forma como foi contratado, principalmente se é contratado como autônomo.

Assim, se for contratado como autônomo, terá de fazer uma prova robusta no sentido de que a situação contratada foi completamente diferente, representando um contrato de trabalho. O juiz irá verificar a escolaridade do trabalhador para efeito de interpretar o que foi contratado entre as partes e a intenção delas no momento da contratação.

No sistema brasileiro, não existe no momento legislação tratando do teletrabalho. A que pode ser usada é a do trabalho em domicílio. O art. 6º da CLT dispõe que:

> não se distingue entre o trabalho realizado no estabelecimento do

empregador, o executado no domicílio do empregado e o realizado a distância, desde que estejam caracterizados os pressupostos da relação de emprego.

Considera o art. 83 da CLT trabalhador em domicílio a pessoa que executa seu serviço na habitação do empregado ou em oficina de família por conta de empregador que o remunere, devendo receber pelo menos um salário mínimo por mês.

É preciso verificar os requisitos cumulativos: pessoa física, continuidade, subordinação, onerosidade e pessoalidade na prestação dos serviços para a caracterização da relação de emprego. Havendo, fraude, será utilizado art. 9º da CLT, que dispõe ser nula a contratação com o objetivo de desvirtuar, impedir ou fraudar a aplicação de preceitos trabalhistas.

Parece que o teletrabalho não é um contrato de trabalho atípico. É um contrato de trabalho, pois, se estiverem presentes os requisitos do contrato de trabalho, estará caracterizado o vínculo de emprego. A forma como o serviço é desenvolvido pode ser diferente e pode ter características próprias.

O Código de Trabalho de Portugal, de 2009, prevê que o trabalhador em regime de teletrabalho tem os mesmos direitos e deveres dos demais trabalhadores, nomeadamente no que se refere a formação e promoção ou carreira profissionais, limites do período normal de trabalho e outras condições de trabalho, segurança e saúde no trabalho e reparação de danos emergentes de acidente de trabalho ou doença profissional (art. 169, n. 1).

Se houver a contratação de um trabalhador pela Internet no estrangeiro, haverá o problema de se verificar qual a lei aplicável. Difícil será saber qual é o local da prestação de serviços, pois o serviço é prestado a distância, pela Internet.

16.10 Poder de direção do empregador

O empregador exerce poder de direção sobre o empregado, determinando-lhe ordens de serviço. No caso do teletrabalho, pode se falar em teledireção, telefiscalização, televigilância (telesurveillance). Poderá, portanto, monitorar a atividade do empregado no computador.

Não se pode dizer que haveria violação da privacidade do empregado quando o empregador exerce fiscalização sobre equipamentos de computador que lhe pertencem.

O empregador deverá tomar cuidado de não fazer um controle vexatório e quanto a dados pessoais do empregado. Determina o inciso X do art. 5º da Constituição que são invioláveis a intimidade, a vida privada, a honra e a imagem das pessoas, assegurado o direito à indenização pelo dano material ou moral decorrente de sua violação.

Entendo que o empregador poderá verificar a utilização de e-mails, visando observar se o computador não está sendo usado, no horário de serviço, para fins pessoais do empregado.

O empregador é proprietário do computador. Pode, portanto, verificar os e-mails.

Dispõe o Código do Trabalho de Portugal que:

> o empregador deve respeitar a privacidade do trabalhador e os tempos de descanso e de repouso da família deste, bem como proporcionar-lhes boas condições de trabalho, tanto do ponto de vista físico como psíquico (art. 170º, n. 1).

Sempre que o teletrabalho for realizado no domicílio do trabalhador, a visita ao local de trabalho só deve ter por objeto o controle da atividade laboral, bem como dos instrumentos de trabalho e apenas pode ser efetuada entre as 9 e as 19 horas, com a assistência do trabalhador ou de pessoa por ele designada (art. 170º, n. 2).

16.11 Subordinação

No teletrabalho a subordinação acaba ficando mitigada. Em alguns casos, poderá se verificar muito mais autonomia do que subordinação. São diluídas as ordens de serviço. Um executivo pode não ter a quem dar ordens de serviço, pois não há escritório, trabalho interno, subordinados etc.

O trabalhador não terá exatamente jornada de trabalho, pois não se sabe a hora que começa e a que termina de prestar serviços, salvo se houver controle específico nesse sentido.

Acaba criando a nova tecnologia uma nova forma de subordinação, pois o empregado pode até não ficar subordinado diretamente ao empregador, mas indiretamente. Passa a existir uma telessubordinação. Na telessubordinação ou "subordinação virtual"[17], há subordinação a distância, uma subordinação mais tênue do que a normal. O empregador também passa a utilizar a teledireção, ou seja, o poder de direção do empregador passa a ser empregado a distância. Entretanto, o empregado pode ter o controle de sua atividade por intermédio do próprio computador, pelo número de toques, por produção, por relatórios, pelo horário da entrega dos relatórios ou do serviço etc.

Prevê o parágrafo único do art. 6º da CLT que "os meios telemáticos e informatizados de comando, controle e supervisão se equiparam, para fins de subordinação jurídica, aos meios pessoais e diretos de comando, controle e supervisão do trabalho alheio".

Telemática é a ciência que trata da manipulação e utilização da informação por meio do uso combinado de computador e meios de telecomunicação. É a utilização do computador em rede, de modem, e-mail, notebook, tablet, smartphone, *cloud computing* (acesso a banco de dados virtuais), *logmein* (computador acessado por meio de celular ou tablet), *icloud* (dados que podem ser colocados no computador-mãe da Apple e acessados de qualquer lugar por computador ou celular).

Informática é a ciência que visa ao tratamento da informação por meio do uso de equipamentos e procedimentos da área de processamento de dados.

Comando é dirigir, mandar, governar, liderar, conduzir, ordenar.

Controle é ter o domínio.

Supervisionar é dirigir, orientar ou inspecionar.

Os meios pessoais e diretor de comando, controle e supervisão do trabalho alheio são feitos por intermédio do poder de direção do empregador, que dirige o empregado. Este se subordina ao empregador.

Meios de controle informatizados podem ser feitos por *login* ou *lo-*

---

[17] RAY, Jean-Emmanuel. *Le droit du travail à l´epreuve*: le statut du travailleur. Paris: Droit Social, Librarie Sociale et Economique, n. 4, 1996, p. 351-358.

gout, no controle de dados na entrada e saída por registros feitos no computador, que inclusive indicam horário, no controle de produção por toques no teclado.

O trabalho *online* é o realizado de forma interativa, bidirecional, e a tempo real. O empregado fica conectado com o computador central da empresa. O empregador pode fiscalizar ou controlar o trabalho do empregado. O trabalhador prestaria serviços como se estivesse dentro da empresa. A subordinação pode ser feita por meio da informática. O trabalho pode ser feito também com o uso da Internet.

Caso o trabalhador trabalhe de forma desconectada (*offline*), haverá maior dificuldade em medir o tempo despendido pelo empregado na prestação de serviços ao empregador. Nesse caso, a comunicação é feita por telefone. O empregador, de um modo geral, não controla o trabalho do empregado, salvo se isto for feito por outros meios, mas não mediante conexão do computador do trabalhador ao da empresa.

Há também o trabalho chamado de *one way line* ou unidirecional. A conexão é simples, num único sentido. O empregador não tem controle direto do trabalho do empregado.

A autonomia do trabalhador poderá ser medida pelo fato de que o empregador é que dele depende tecnicamente e não o contrário, porque só o trabalhador é que sabe como se faz o programa do computador. É a pessoa que sabe empregar a tecnologia ou que a desenvolve. Muitas vezes é uma pessoa altamente especializada.

Em determinado processo que julguei na primeira instância, uma trabalhadora foi contratada para desenvolver sites para certa empresa visando colocá-los na Internet. No caso, a prestação de serviços foi realizada por aproximadamente um mês. O trabalho ficou mal feito e teve de ser refeito. A obreira postulava o reconhecimento do vínculo de emprego.

Ficou constatado que o trabalho foi desenvolvido na casa da trabalhadora, sem qualquer subordinação, horário de trabalho, pois foi contratado apenas o resultado do serviço, o desenvolvimento do site. Demonstrou-se que ela podia e fazia serviços para outras pessoas, não tendo exclusividade na prestação dos serviços. O vínculo de emprego não foi reconhecido. Ela era uma trabalhadora autônoma.

Alain Supiot leciona que "a técnica do sistema indiciário deve permitir adaptar no campo de aplicação do Direito do Trabalho as novas formas de exercício do poder da empresa, evitando uma definição restritiva da subordinação baseada em um só critério"[18].

Giuseppe Ferraro afirma que a parasubordinação seria uma variedade da relação de trabalho autônomo, compreendida também num contrato de obra ou de obra profissional (art. 2.229 e s. do Código Civil)[19]. Assevera que o elemento conectivo da relação em questão pode ser genericamente individualizado no vínculo de dependência substancial e de disparidade contratual do prestador de obra em relação ao sujeito que usufrui da sua prestação. Seria uma situação análoga ao do trabalho dependente[20].

É o reconhecimento jurídico de uma categoria de relação afim ao trabalho subordinado, com um resultado semelhante[21]. Exemplifica com o contrato de agência e dos profissionais liberais, entre outros[22]. Na Itália, depreende-se que a parasubordinação está ligada a certos contratos com autônomos, que têm dependência com o tomador dos serviços, mas que não se confunde com a típica subordinação, que difere da autonomia, em que o trabalhador também assume os riscos de sua atividade, ao contrário do empregado.

A lei francesa Madelin, de 11 de fevereiro de 1994, deu nova redação ao artigo 120-3 do Código do Trabalho. A Corte de Cassação entende, com base no citado dispositivo, que há presunção de que o teletrabalhador, inscrito como comerciante, artesão ou agente comercial, não está vinculado a um contrato de trabalho. É uma hipótese de inversão do ônus da prova. Trata-se de presunção relativa, que admite prova em sentido contrário. O trabalhador poderá demonstrar que é realmente empregado, apesar de ser inscrito como comerciante, artesão ou agente comercial, provando que existe a subordinação jurídica. Gallardo Moya afirma que

---

18 SUPIOT, Alain. *Au-delà de l´emploi*: transformations du travail et devenir du droit du travail en Europe. Paris: Flamarion, 1999, p. 195.

19 FERRARO, Giuseppe. *Il contratti di lavoro*. Padova: Cedam, 1991, p. 225.

20 Ibidem, p. 226.

21 Ibidem, p. 226-227.

22 Ibidem, p. 233-234.

"em caso de litígio a presunção será favorável à extralaboralidade, e o trabalhador deverá provar todos os requisitos que se exigem para qualificar a relação laboral, e no caso de dúvida, a relação será não laboral"[23].

A jurisprudência espanhola sobre o teletrabalho faz distinção entre empregado e outro tipo de trabalhador em razão de quem é o proprietário do programa de computador[24]. Se o programa é da empresa, há contrato de trabalho. Caso o programa seja do trabalhador, não existe contrato de trabalho. Esse critério é relativo, pois o trabalhador pode usar a sua ferramenta de trabalho e, mesmo assim, ser empregado, como de usar sua caneta, sua colher de pedreiro etc. O fato de o programa de computador e o computador serem do trabalhador não quer dizer que ele é autônomo. Pode ser, como pode não ser.

Em certo caso foi reconhecido o vínculo de emprego no teletrabalho:

> Relação de emprego. A prestação de serviços na residência do empregado não constitui empecilho ao reconhecimento da relação de emprego, quando presentes os pressupostos exigidos pelo art. 3º da CLT, visto que a hipótese apenas evidencia trabalho em domicílio. Aliás, considerando que a empresa forneceu equipamentos para o desenvolvimento da atividade, como linha telefônica, computador, impressora e móveis, considero caracterizada hipótese de teletrabalho, visto que o ajuste envolvida execução de atividade especializada com o auxílio da informática e da telecomunicação (TRT 3ª R., RO 977/2009.129.03.00-7, Rel. Juiz Conv. Jesse Cláudio Franco de Alencar, *DJe* 26-11-2009, p. 97).

Faz referência o art. 3º da CLT a dependência. O parágrafo único do art. 6º da CLT está mais atualizado e faz menção a subordinação jurídica, que é um dos elementos caracterizadores do vínculo de emprego. O fato de o empregado ser dependente do empregador não é a questão fundamen-

---

[23] GALLARDO MOYA, Rosario. *El viejo y el nuevo trabajo a domicilio*. Madrid: Ibidem, 1998, p. 68.

[24] GALLARDO MOYA, Rosario. *El viejo y el nuevo trabajo a domicilio*. Madrid: Ibidem, 1998, p. 72, nota 93.

tal, mas sim se há subordinação, que é a sujeição a que está sujeito o empregado, às ordens de serviço do empregador[25].

As novas tecnologias não estão fazendo desaparecer a subordinação jurídica. Há apenas necessidade de se adaptar a legislação existente diante dessas novas tecnologias ou então editar lei específica para tratar do assunto. A subordinação continua existindo, mesmo a distância.

Pode ocorrer de um trabalhador trabalhar em casa e outros não. Haverá discriminação? Depende. Um trabalhador poderá trabalhar em casa, em razão de que seu trabalho é específico, pois pode usar tecnologia e outro não. Certos trabalhadores se adaptam em trabalhar em casa e produzem e outros não.

Se o serviço for desenvolvido no estrangeiro, por meio da Internet, haverá problemas de se saber qual a legislação aplicável ao trabalhador.

16.12 Pessoalidade

Dependendo da hipótese, o elemento pessoalidade na relação de emprego por parte do empregado também pode ser de difícil apuração. O empregador não terá como verificar quem efetivamente presta os serviços: se é o empregado ou um preposto deste, como seu filho, sua esposa, pois não há o controle pessoal do trabalho do obreiro e o serviço não é desenvolvido dentro da empresa.

16.13 Cláusulas no contrato

Em decorrência do tipo de informação que o empregado tem acesso, haverá necessidade de estabelecer certas cláusulas no contrato de trabalho, como:

a) de não concorrência durante certo tempo, mediante o pagamento de uma indenização;

---

25 MARTINS, Sergio Pinto. *Comentários à CLT*. 23. ed. São Paulo: Saraiva, 2020, p. 49.

b) cláusula de exclusividade, para não divulgar dados de interesse do empregador. Pessoas não autorizadas não poderiam ter acesso a dados, incluindo, por exemplo, a esposa do empregado e seus filhos etc.;

c) cláusula de utilização pessoal e exclusivamente em serviço do material do empregador, como para proteção a disquetes, da memória do computador etc.

16.14 Modificação das condições de trabalho

Empregado que sempre trabalhou na empresa e passa a prestar serviços em casa, implica mudança de condições de trabalho. Se essa mudança trouxer prejuízos ao empregado, diretos ou indiretos, será nula, conforme o art. 468 da CLT.

Seria possível haver uma cláusula no contrato de trabalho de reversão à situação anterior, de trabalhar em casa e passar a prestar serviços na emprcsa, Para o empregado que exerce cargo de confiança do empregador e deixa de fazê-lo, há respaldo no parágrafo único do art. 468 da CLT, que dispõe não se considerar alteração unilateral a determinação do empregador para que o respectivo empregado reverta ao cargo efetivo, anteriormente ocupado, deixando o exercício de função de confiança.

A prestação de serviços na modalidade de teletrabalho deverá constar expressamente do contrato individual de trabalho, que especificará as atividades que serão realizadas pelo empregado (art. 75-C da CLT). Terá que ser necessariamente a cláusula firmada por escrito. Não poderá ser um acordo tácito.

Poderá ser realizada a alteração entre regime presencial e de teletrabalho desde que haja mútuo acordo entre as partes, registrado em aditivo contratual (§ 1º do art. 75-C da CLT).

Poderá ser realizada a alteração do regime de teletrabalho para o presencial por determinação do empregador, garantido prazo de transição mínimo de quinze dias, com correspondente registro em aditivo contratual (§ 2º do art. 75-C da CLT).

As disposições relativas à responsabilidade pela aquisição, manutenção ou fornecimento dos equipamentos tecnológicos e da infraestrutura necessária e adequada à prestação do trabalho remoto, bem como ao reembolso de despesas arcadas pelo empregado, serão previstas em contrato escrito (art. 75-D da CLT). As utilidades mencionadas não integram a remuneração do empregado.

O empregador deverá instruir os empregados, de maneira expressa e ostensiva, quanto às precauções a tomar a fim de evitar doenças e acidentes de trabalho (art. 75-E da CLT).

16.15 Jornada de trabalho

Não existe jornada de trabalho de 6 horas para o digitador, salvo se houver convenção coletiva tratando do tema. A jornada do digitador é igual a de qualquer outro empregado: de 8 horas.

A exceção será se alguma pessoa fizer serviço de digitação, pertencendo a outra profissão, como a de jornalista, em que a jornada será de 5 a 7 horas.

O trabalhador a distância, de um modo geral, não terá direito a horas extras, por realizar serviço externo, pois não há exatamente fiscalização a distância. Será aplicado o inciso I do art. 62 da CLT, devendo haver anotação na CTPS do empregado do serviço externo.

O inciso III do art. 62 da CLT dispõe que não são abrangidos pelo regime previsto no capítulo da Duração do Trabalho da CLT os empregados em regime de teletrabalho.

Entretanto, esse dispositivo não pode ser interpretado de forma isolada, mas apenas quando o empregado não tenha o controle do seu horário de trabalho.

Caberá ao trabalhador demonstrar que o empregador fazia controle de horário, como por meio da produção diária, que seria incompatível com a jornada de 8 horas; pelo número de toques no teclado; pelo início da entrada de dados e o seu término.

O fato de o trabalhador prestar serviços na sua residência não quer dizer que trabalha todo o tempo, pois se confunde com os afazeres da residência. A circunstância de o computador estar aberto e conectado também pode não dizer que o trabalhador está prestando serviços para a empresa. Durante o expediente no local físico da empresa os empregados já acessam sites, enviam e-mails que nada têm a ver com o serviço. O mesmo poderá ocorrer em relação a quem trabalha em casa.

A jurisprudência já entendeu:

> Labor em domicílio. Opção do empregador por mera comodidade. Cômputo na jornada de trabalho. Descabimento. No cômputo da jornada de trabalho não pode ser considerado o labor supostamente prestado na residência do autor, quando ele admite que o fazia por mera comodidade, sem exigência da empresa (TRT 13ª R., RO 00258.2007.026.13.00-2, Rel. Juíza Ana Maria Ferreira Madruga, *DJ* PB 4-12-2007).

Se o trabalhador presta serviços em conexão com a empresa (*online*), poderá haver o controle do horário do trabalhador e direito a horas extras.

O item I da Súmula 428 estabelece: "O uso de instrumentos telemáticos ou informatizados fornecidos pela empresa, por si só, não caracteriza o regime de sobreaviso".

Considera-se em sobreaviso o empregado que, a distância e submetido a controle patronal por instrumentos telemáticos ou informatizados, permanecer em regime de plantão ou equivalente, aguardando a qualquer momento o chamado para o serviço durante o período de descanso.

A referida súmula trata de sobreaviso e não do teletrabalho ou da jornada do teletrabalho. Se há controle de jornada por algum meio telemático, deve haver pagamento de horas extras. Nesse caso, não há sobreaviso.

O fato, por exemplo, de o empregado ser contatado por e-mail não quer dizer que se trata de sobreaviso, salvo se tiver de ficar esperando na sua residência a qualquer momento ser chamado pelo empregador.

16.16 Conclusão

O teletrabalho não deixa de ser uma forma de trabalho flexível, pelo fato de ser realizado a distância, sem precisar o trabalhador estar nas dependências da empresa. Mostra uma evolução no sentido de que não é mais preciso trabalhar dentro das dependências da empresa para se falar em empregado.

Parece que não houve modificação substancial na redação do art. 6º da CLT. Agora há apenas uma regulamentação mais específica para o teletrabalho.

No teletrabalho, o elemento subordinação vai ficar, porém, diluído, devendo ser analisado com outros fatores para se verificar se existe ou não o vínculo de emprego.

Questões relativas a vínculo de emprego a distância e de jornada de trabalho do empregado que trabalha em casa vão depender da prova que for feita no processo. Não há aqui como estabelecer fórmula matemática, que vai se aplicar a todos os casos.

A determinação legal não altera a Súmula 428 do TST, que trata de sobreaviso.

Talvez no futuro o trabalho das pessoas seja feito nas suas próprias residências. É claro que o futuro a Deus pertence, mas "a melhor forma de apostar no futuro é fazê-lo brotar no presente", como dizia Juscelino Kubitschek. Assim, há necessidade de se analisar o presente para compatibilizá-lo com as novas tecnologias e formas de trabalho.

17
Flexibilização do Salário

São formas de flexibilização do salário a remuneração variável, em que o empregado pode receber uma importância fixa mensal, mas depender dos fatores ligados à produção, como de comissões sobre vendas, de bônus pela produtividade atingida ou então participação nos lucros ou resultados da empresa, decorrente do incremento que ajudou a conseguir para esta.

Há legislações que determinam que para existir a redução do salário dos empregados também deve haver diminuição proporcional da remuneração dos dirigentes.

Há quem entenda que o trabalhador deveria ganhar apenas pelo que produzisse. Entretanto, caso não produzisse nada durante o mês, deixaria de ter remuneração. Essa teoria é rechaçada pelo fato de que necessariamente o empregador é quem assume os riscos de sua atividade (art. 2º da CLT), não podendo transferi-los para o empregado. O trabalhador não pode ganhar apenas pelo que produz, sendo assegurado pelo menos o salário mínimo mensal. Deveria também existir um sistema que privilegiasse a formação profissional do trabalhador, sua qualificação e eficiência, com o pagamento de maiores salários e não uma remuneração comum pelo simples fato de que o trabalhador é empregado.

O salário poderia ser congelado, os reajustes não serem feitos dentro da periodicidade anual, abolindo a indexação para efeito de reajustes.

No Brasil, em 1998 e 1999, muitos sindicatos desistiram da reposição salarial, preferindo estabelecer cláusulas na norma coletiva garantindo o emprego dos trabalhadores durante certo período. É melhor ter o emprego do que ser dispensado, mesmo tendo de ganhar um salário real menor.

A política salarial da empresa também poderia ser determinada de acordo com o desempenho individual ou coletivo dos trabalhadores, principalmente numa época em que vige o princípio da livre negociação salarial.

Nas empresas que estão em dificuldades financeiras, pode ser fundamental a redução de salários para evitar que a empresa feche ou possibilitar a superação de suas dificuldades. Com a redução salarial, pode o empregador desistir de dispensar trabalhadores, dentro de um período em que há maior retração da economia. Nos Estados Unidos, os trabalhadores da Chrysler, em 1979, concordaram com a redução de salários por determinado período. Em 1984, com os lucros obtidos pela empresa, tiveram a recuperação de seus salários em relação à Ford e à General Motors, além de participação de 2,2% nos lucros, da criação de seguros para o emprego e um plano de acionariado operário[1].

Na Alemanha, foi firmado um acordo coletivo em 1993, pela Volkswagen, em que foi reduzida a carga de trabalho para 28,8 horas, a serem distribuídas em quatro dias na semana. Em vez de serem reduzidos os salários, foram cortados alguns benefícios adicionais, levando à significativa redução da renda anual. Houve a compensação de que não haveria dispensas por motivos econômicos até o fim da vigência do acordo em vigor. O pacto vem sendo renovado a cada ano[2].

Seria possível em alguns países a instituição de salário mínimo diferenciado para jovens, que ainda não têm experiência e não deveriam receber o mesmo salário que o trabalhador adulto, ou dos que já possuem certa experiência ou formação. Certos governos entendem que o salário mínimo seria uma das causas de desemprego entre os jovens, pois o empregador pode achar muito excessivo o pagamento do salário mínimo a pessoas recém-formadas e sem prática.

---

1 SARFATI, H.; KOBRIN, C. *La flexibilité du marché de l'emploi*: un enjeu économique et social. Genebra: Bureau International du Travail, 1987, p. 12.

2 WEISS, Mandred. Políticas para a promoção do emprego. *Anais do Seminário Internacional de Relações de Trabalho*. Aspectos jurídicos, sociais e econômicos. Brasília: Ministério do Trabalho, 1998, p. 70.

Na Alemanha, foram estabelecidos acordos coletivos que permitem pagar, por certo período, salário inferior ao piso mínimo, desde que os contratados estejam há muito tempo desempregados.

No Brasil, o inciso IV do art. 7º da Constituição prevê o salário mínimo nacional e unificado. Veda o inciso XXX do art. 7º da Lei Magna diferença de salário por idade. Não seria possível estabelecer salário mínimo diferenciado para jovens e a redução do atual salário mínimo para essas pessoas.

David Anisi afirma que, se existe desemprego, é porque o salário que se paga é excessivo. Para que desapareça o desemprego, bastaria que fosse reduzido o salário. Para que se reduza o salário, basta que o mercado funcione corretamente. Eliminando-se todo tipo de interferência no funcionamento correto do mercado, fazendo desaparecer os sindicatos, aumentando a transparência, flexibilizando o mercado de trabalho, se haverá de conseguir acabar com o desemprego[3].

Na verdade, o desemprego existe, mas não é porque os salários são altos. Ao contrário, no Brasil e em outros países, o salário já é baixo demais e não é o fator do desemprego, que depende de investimentos públicos e privados, da taxa de juros etc.

O inciso VI do art. 7º da Constituição permite a redução de salários, porém apenas por convenção ou acordo coletivo. A redução salarial não pode ser feita por acordo individual ou em dissídio coletivo.

O salário mencionado no inciso VI do art. 7º da Constituição deve ser interpretado de forma estrita. Trata-se do salário estrito senso. Nele não se incluem os adicionais, que têm natureza salarial, mas não são salário estrito senso. Logo, a norma coletiva não pode reduzir adicionais de insalubridade, de periculosidade, de horas extras e o noturno.

Podem ser reduzidas comissões, percentagens, gratificações ajustadas, diárias para viagens não excedentes de 50% do salário e abonos, pois integram o salário.

O inciso VIII do art. 50 da Lei n. 11.101/2005 dispõe que, para preservar empregos, é possível redução salarial, compensação de horários e

---

[3] ANISI, David. *Creadores de escasez*: el bienestar al miedo. Madrid: Alianza Editorial, 1995, p. 83.

redução da jornada, mediante acordo ou convenção coletiva. Deve haver exposição "das razões da crise econômico-financeira".

A flexibilização é necessária, mas não ao ponto de existir um salário indigno.

Os sindicatos também são necessários, muitas vezes até para fiscalizar o empregador, para que este não imponha uma condição ao mais fraco, que é o trabalhador. Mediante negociação, isso pode melhor ser verificado, pois há troca entre os envolvidos, concessões mútuas, sendo o resultado a convenção ou o acordo coletivo.

Há propostas de flexibilização salarial de que certos benefícios que são concedidos ao empregado não sejam considerados como salário. Assim, o empregador irá concedê-los, sem a discussão se haverá incorporação em outras verbas ou se terá a incidência do FGTS e da contribuição previdenciária. Poderia ocorrer esse fato com o chamado salário-utilidade, previsto no art. 458 da CLT. Caso a utilidade não fosse considerada salário, o empregador iria fornecer determinados benefícios ao empregado, como alimentação, transporte etc., pois, em contrapartida, não teria de se preocupar com a integração de tais utilidades no salário e com a incidência de encargos sociais, que encarecem seu fornecimento.

No caso dos funcionários públicos, o § 3º do art. 37 da Constituição não faz referência ao inciso XXVI do art. 7º da Lei Maior. O funcionário público não tem direito a negociação coletiva. A Administração Pública deve observar o princípio da legalidade (art. 37 da Constituição).

Em matéria de reajuste de salários dos funcionários públicos é preciso lei e previsão orçamentária. No âmbito da União, a lei que aumenta vencimentos deve ser de iniciativa do presidente da República (art. 61, § 1º, II, *a*, da Constituição).

A empresa pode aderir ao Programa de Alimentação do Trabalhador (Lei n. 6.321/76). A alimentação fornecida não tem natureza salarial.

18

Flexibilização da Dispensa do Trabalhador

Para a diminuição do custo do trabalho, há os que defendem a flexibilização da dispensa do trabalhador. Na dispensa, o empregador deveria ter menores encargos, de forma a torná-la mais flexível. Seria uma forma de dar continuidade ao empreendimento. Nas épocas de crise, o empregador já usa desse meio, de dispensar os trabalhadores, de forma a reduzir a folha de pagamento.

O trabalhador perde, porém, seu meio de sobrevivência e o de sua família, que é o salário. Fica preocupado, pois a qualquer momento pode ser dispensado, em razão da maior facilidade que o empregador tem para esse fim.

Há maior descontinuidade da relação de emprego.

A instituição do FGTS, com a Lei n. 5.107/66, permitiu que os empregadores dispensassem os empregados, liberando os depósitos fundiários e pagando a indenização de 10% sobre os referidos depósitos. Hoje, o inciso I do art. 10 do ADCT e a Lei n. 8.036/90 determinaram o aumento da indenização para 40%.

Prevê o inciso I do art. 7º da Constituição que lei complementar irá estabelecer proteção contra a dispensa arbitrária ou sem justa causa, prevendo indenização compensatória, entre outros direitos. Essa lei complementar, até o momento, não foi editada. Dispõe o inciso III do art. 7º da mesma norma que o FGTS passa a ser um direito do trabalhador, desaparecendo o sistema anterior de estabilidade, com indenização ou FGTS equivalente.

Reconhece-se que há maior facilidade para a dispensa, em razão de que não existe mais o direito à estabilidade, salvo para os que tinham direito adquirido, por terem dez anos de casa sem opção ao FGTS em período anterior a 5 de outubro de 1988, quando foi editada a atual Constituição.

Há, portanto, maior flexibilização para a dispensa do trabalhador, em razão da inexistência de estabilidade para a grande maioria dos trabalhadores, bastando o empregador pagar o aviso prévio e as demais verbas rescisórias, nelas incluídas a indenização de 40% sobre os depósitos do FGTS, além de liberar o referido fundo.

A dispensa dos trabalhadores, de forma a diminuir a folha de pagamento das empresas, já é uma forma de flexibilização.

Certos países começaram a exigir a motivação da dispensa, de forma a verificar a função social do trabalho.

A Convenção n. 158 da OIT prevê que a dispensa deve ser justificada pelo empregador. Essa norma internacional inspirou muitas legislações.

Na Alemanha, o art. 1º da Lei de Proteção contra a Dispensa, de 1951, prevê que a dispensa do empregado que trabalhe, sem interrupção, mais de seis meses na mesma empresa só é válida quando for socialmente justificada. Considera-se socialmente injustificada a dispensa quando não se baseia em motivos que se refiram à pessoa do empregado ou a seu comportamento, ou ainda a fatos inevitáveis referentes ao estabelecimento/empresa que impeçam o prosseguimento da relação empregatícia.

Na Espanha, leciona Alfredo Montoya Melgar que as modalidades de dispensa são:

a) a disciplinar (justa causa);

b) por circunstâncias objetivas (falta de aptidão do trabalhador);

c) decorrente de causas econômicas e tecnológicas;

d) derivada de força maior[1].

Em Portugal, o art. 3º, 1, do Decreto-lei n. 64-A/89 proíbe os despedimentos sem justa causa. Reza o art. 12, 1, que o despedimento é ilícito:

---

1 MONTOYA MELGAR, Alfredo. *Derecho del trabajo*. 23. ed. Madrid: Tecnos, 2002, p. 467.

a) se não tiver sido precedido do processo respectivo ou este for nulo;

b) se se fundar em motivos políticos, ideológicos (art. 382 do Código de Trabalho) ou religiosos, ainda que com invocação de motivo diverso;

c) se for rejeitada a justa causa invocada pela empresa para a dispensa.

A OIT entende que a Convenção n. 158 não é meio impediente à dispensa dos trabalhadores, pois:

> o artigo 10, tal como está redigido, dá preferência à anulação do término e à readmissão como meios de reparação do término injustificado, mas segue mantendo-se flexível já que prevê outras vias de reparação em função dos poderes do organismo neutro e da aplicabilidade na prática de uma decisão que anule o término e proponha a readmissão.
>
> A estabilidade e a flexibilidade têm uma interdependência mútua. A Comissão sublinha que a proteção adequada contra o término – da relação de emprego – não está em contradição, em princípio, com as novas formas de relação de trabalho que permitem às empresas a adaptação dos recursos humanos às transformações que se produzem no plano econômico[2].

Isso justamente pelo fato de que remete o tema à legislação e práticas nacionais e também às regras que podem ser estabelecidas nas normas coletivas, que podem tratar de forma mais flexível a própria dispensa.

Em certos casos, exige-se para a dispensa do trabalhador autorização administrativa ou decisão judicial. No nosso sistema, ocorre com o inquérito para apuração de falta grave, previsto nos arts. 853 a 855 da CLT e que serve para verificar falta grave cometida por empregado estável, por dirigente sindical e empregado eleito para o cargo de diretor de cooperativa.

A Convenção n. 158 da OIT foi denunciada pelo Brasil, e não está mais em vigor. O STF entendeu que ela era inconstitucional, pois não representava a lei complementar exigida pelo inciso I do art. 7º da Constituição.

---

2 OIT. Protección contra el despido injustificado. *Conferencia Internacional del Trabajo*. 82ª Reunión, 1995, OIT, p. 91, item 219.

19
Suspensão dos Efeitos do Contrato de Trabalho para Qualificação Profissional

19.1 Conceitos

A suspensão é a cessação temporária e total da execução e dos efeitos do contrato de trabalho.

Na suspensão, o empregado não trabalha temporariamente, porém nenhum efeito produz-se em seu contrato de trabalho. São suspensas as obrigações e os direitos. O contrato de trabalho ainda existe, apenas seus efeitos não são observados. Na interrupção, apesar de o obreiro não prestar serviços, são produzidos efeitos em seu contrato de trabalho.

Significa o *lay off* ficar o trabalhador em disponibilidade por certo tempo, permanecendo afastado da empresa até sua recuperação. Seria uma espécie de licença remunerada ao trabalhador, que fica em casa e não é dispensado. A empresa não faz a dispensa, pois precisa de trabalhadores qualificados. Pode o empregador determinar que o empregado faça cursos de qualificação profissional. Nos Estados Unidos, o *lay off* é feito por meio de negociação coletiva, segundo critério de idade, estado civil, tempo de serviço. Pode haver redução de salários e suspensão de encargos sociais.

A licença remunerada importa em o empregado continuar a receber salários por certo período, porém não presta serviços. Em certos casos, em que há diminuição da produção, as empresas automobilísticas costumam utilizar da licença remunerada. Os efeitos do contrato de trabalho ficam interrompidos, pois a empresa paga salários e conta o tempo de serviço. Entretanto, há a continuidade do contrato de trabalho, não sendo o trabalhador dispensado, mas ficando à disposição da empresa.

19.2 Direito internacional e estrangeiro

A Convenção n. 168 da OIT trata da promoção do emprego e proteção contra o desemprego. Foi aprovada pelo Decreto legislativo n. 89, de 10 de dezembro de 1992, e promulgada pelo Decreto n. 2.682, de 21 de julho de 1998. Prevê o art. 2º da referida norma que todo membro deverá adotar medidas apropriadas para coordenar seu regime de proteção contra o desemprego e sua política de emprego.

Dispõe o art. 10 que todo membro deverá tentar estender a proteção da convenção, nas condições prescritas, às seguintes contingências:

a) a perda de rendimentos em virtude do desemprego parcial, definido como uma redução temporária da duração normal ou legal do trabalho;

b) a suspensão ou redução de rendimentos como consequência da suspensão temporária do trabalho, sem término da relação de trabalho, particularmente por motivos econômicos, tecnológicos, estruturais ou análogos.

Reza o art. 15 que, em caso de desemprego total e de suspensão de rendimentos como consequência de suspensão temporária de trabalho, sem término da relação de trabalho, se esta última contingência estiver coberta, deverão ser abonadas indenizações na forma de pagamentos periódicos, calculados da seguinte forma:

a) quando essas indenizações forem calculadas na base de contribuições pagas pela pessoa protegida ou em seu nome, ou em razão de seus rendimentos anteriores, elas serão fixadas em pelo menos 50% dos rendimentos anteriores, dentro do limite eventual de tetos de indenização ou rendimentos referidos, por exemplo, ao salário de um operário qualificado ou ao salário médio dos trabalhadores da região em questão;

b) quando essas indenizações forem calculadas independentemente das contribuições ou dos rendimentos anteriores, serão fixadas em 50%, pelo menos, do salário mínimo legal ou do salário de um trabalhador ordinário, ou na quantia mínima indispensável para cobrir as despesas essenciais, adotando-se o valor mais elevado.

Na Espanha, o art. 47 do Estatuto dos Trabalhadores autoriza a suspensão do contrato por motivos de ordem técnica, econômica, organizativa ou de produção, ou causas derivadas de força maior. A medida será autorizada quando se verificar, pela documentação da empresa, que é necessária para a superação de uma situação de caráter conjuntural de sua atividade.

Na Itália, existe a possibilidade da redução dos horários de trabalho durante crises econômicas setoriais da empresa, ou no caso da reestruturação e reorganização da atividade empresarial (art. 2º da Lei n. 1.115, de 5 de novembro de 1968). O que ocorre não é a suspensão do contrato de trabalho, mas a redução da jornada. O trabalhador fica amparado por um órgão chamado de Caixa de Integração.

Na Argentina, o art. 98 da Lei n. 24.013, de 1992 (Lei Nacional de Emprego), dispõe que deve haver um caráter prévio à comunicação de despedidas ou suspensões por razões de força maior, causas econômicas ou tecnológicas, que afetem a mais de 15% dos trabalhadores em empresas de menos de 400 trabalhadores; a mais de 10% em empresas de entre 400 e 1.000 trabalhadores; e a mais de 5% em empresas de mais de 1.000 trabalhadores. O procedimento de crise terá tramitação perante o Ministério do Trabalho e da Seguridade Social, mediante provocação do empregador ou da associação sindical dos trabalhadores.

Quem apresentar petição deverá fundamentar sua solicitação oferecendo todos os elementos probatórios que considere pertinentes (art. 99). Não havendo acordo na audiência inicial, é aberto um período de negociação entre o empregador e a associação sindical, de no máximo 10 dias (art. 101). O art. 238 da Lei do Contrato de Trabalho já tinha previsão de suspensão do contrato por motivo de força maior, devidamente comprovado, até um prazo máximo de 75 dias em um ano, contado desde a primeira suspensão, caso em que, se inevitável a dispensa, os trabalhadores atingidos são os mais novos na empresa e, quando admitidos no mesmo semestre, os que tiverem menores encargos familiares.

19.3 Suspensão do contrato de trabalho para qualificação profissional

No Brasil, inicialmente a previsão era da Medida Provisória n. 1.726, de 3 de novembro de 1998, que estabelecia a suspensão dos efeitos do contrato de trabalho em razão de qualificação profissional. Essa norma é originária da situação ocorrida na construção civil de São Paulo, que entre o término de uma obra e outra tem, muitas vezes, de dispensar seus trabalhadores. Não se trata de inovação brasileira, pois há previsão em outros países dessa hipótese de suspensão e também da própria aplicação da Convenção n. 168 da OIT.

Atualmente, estabelece-se a suspensão dos efeitos do contrato de trabalho para a participação do trabalhador em curso ou programa de qualificação profissional. Na verdade, a norma cria nova hipótese de suspensão dos efeitos do contrato de trabalho, além das já previstas nos arts. 471 a 476 da CLT. É instituído o art. 476-A da CLT, que passa a tratar do tema, de forma a poder versar sobre suspensão do contrato de trabalho no mesmo capítulo da CLT que analisa a matéria.

O governo entende que o benefício ora instituído poderá ser aplicado com sucesso na construção civil, no período que ocorre entre o término de uma obra e o início de outra. A dispensa, com a posterior recontratação do trabalhador da construção civil, é bastante onerosa para a empresa. Manter o trabalhador ocioso com pagamento de salários até o início de outra atividade também é oneroso para o empregador. Daí a melhor hipótese ser a da suspensão dos efeitos do contrato de trabalho para qualificação profissional. A suspensão dos efeitos do contrato de trabalho para qualificação profissional pode não se aplicar a qualquer empresa.

Normalmente, refere-se a empresas com grande número de trabalhadores, com baixa remuneração, como na construção civil. Vai depender, porém, da duração da obra. Não fica, porém, restrita ao setor da construção civil, podendo ser utilizada em qualquer atividade econômica.

O objetivo da norma é que o contrato de trabalho fique suspenso diante de crise momentânea passada pela empresa. Não se trata, portanto, de dispensa provisória, como tem sido chamada na prática, pois a dispensa implica a saída do trabalhador da empresa. No caso, o trabalhador não é dispensado, apenas os efeitos de seu contrato de trabalho são suspensos temporariamente. Seria possível utilizar a denominação suspensão dos efeitos do contrato de trabalho para que o empregado participe de cursos de qualificação profissional.

O pacto laboral poderá ter seus efeitos suspensos por um período de dois a cinco meses, visando a participação do empregado em curso ou programa de qualificação profissional oferecido pelo empregador. Não existe obrigatoriedade da suspensão dos efeitos do contrato de trabalho, mas faculdade de se estabelecer esse mecanismo. Não poderá, portanto, ser suspenso o contrato de trabalho por apenas um mês, sendo o mínimo necessário de dois meses. O período máximo de suspensão será de cinco meses. As partes, na negociação coletiva, estabelecerão o prazo pelo qual o contrato será suspenso, dentro do período de dois a cinco meses.

O trabalhador não poderá estabelecer individualmente com o empregador prazo diverso da suspensão do previsto na norma coletiva. Os funcionários deverão voltar a trabalhar ao final do respectivo período. O art. 476-A da CLT não está exigindo, porém, que a empresa passe por problemas conjunturais ou econômicos, nem justifique suas adversidades, apenas terá de negociar com o sindicato. Excedido o período de cinco meses ou o que for acordado na norma coletiva, persistindo a suspensão dos efeitos do contrato de trabalho, o empregado poderá requerer a rescisão indireta do contrato de trabalho, por não terem sido cumpridos os requisitos legais.

O prazo da suspensão poderá ser prorrogado mediante convenção ou acordo coletivo de trabalho e aquiescência formal do empregado, desde que o empregador arque com o ônus correspondente ao valor da bolsa de qualificação profissional, no respectivo período (§ 7º do art. 476-A da CLT). A prorrogação só poderá ser feita por convenção ou acordo coletivo e não por acordo individual. O prazo máximo de contratação é de cinco meses; porém, havendo a contratação, poderá existir prorrogação por período maior do que os cinco meses contratados, desde que mediante convenção ou acordo coletivo e aquiescência do empregado.

Não poderá, todavia, haver contratação por sete ou mais meses, pois o período de contratação é de no máximo cinco meses. Uma vez feita a contratação é que pode haver sua prorrogação, com o limite de prazo fixado na negociação coletiva. Esse procedimento é válido, pois certas empresas podem precisar mais do que cinco meses para efeito de suspensão dos efeitos do contrato de trabalho e anteriormente não poderia haver prorrogação.

A suspensão dos efeitos do contrato de trabalho poderá ser utilizada em qualquer ramo de atividade, tanto na indústria como no comércio, nos serviços, na área rural etc. Não há distinção também quanto à idade do trabalhador, que poderá ter mais ou menos de 18 anos, tanto sendo utilizado em relação ao homem ou à mulher.

Poderá ser feita a suspensão dos efeitos do contrato de trabalho em parte da empresa, em algumas de suas filiais ou estabelecimentos, ou em sua totalidade. É na norma coletiva que se especificará se a suspensão irá afetar toda a empresa ou apenas algumas de suas unidades.

São dois os requisitos para a suspensão dos efeitos do contrato de trabalho visando a qualificação profissional:

a) instrumento coletivo;

b) aquiescência formal do empregado. São requisitos cumulativos.

O instrumento utilizado para a suspensão dos efeitos do contrato de trabalho será necessariamente a convenção ou acordo coletivo. O acordo será, portanto, coletivo e não individual, pois se exige a participação do sindicato. Se o empregado pertencer a categoria diferenciada, a negociação tem de ser feita com o respectivo sindicato, como de secretárias, motoristas etc.

A iniciativa da suspensão, para efeito de qualificação profissional, tanto poderá ser feita pelo sindicato de empregados como pela própria empresa. Na prática, as empresas que passam por dificuldades financeiras é que irão requerê-la, porém deverão negociar com o sindicato de empregados.

Não basta a negociação coletiva para se estabelecer a suspensão do contrato de trabalho. O empregado também deverá manifestar sua concordância com a suspensão. A aquiescência deve ser formal. A palavra *formal* quer dizer expresso, evidente, explícito. O uso da palavra *formal* pode dar margem a dúvidas, visto que a concordância seria escrita ou verbal. O art. 443 da CLT indica que o contrato de trabalho pode ser expresso, sendo verbal ou escrito. O obreiro poderia expressar-se verbalmente pela concessão da suspensão.

O ideal é que a aquiescência fosse apenas escrita, pois evitaria dúvidas e fraudes. Deverá o trabalhador firmar termo escrito de concordância com a suspensão para qualificação profissional. No instrumento deveriam também ser especificadas as condições para efeito da suspensão para qualificação profissional. Caso o obreiro não se interesse pela suspensão, o empregador não poderá suspender os efeitos de seu contrato de trabalho. Entretanto, nesse caso o empregador vai acabar dispensando o trabalhador.

Após a autorização concedida por intermédio de convenção ou acordo coletivo, o empregador deverá notificar o respectivo sindicato, com antecedência mínima de 15 dias da suspensão contratual (§ 1º do art. 476-A da CLT). A lei não é clara sobre que sindicato seria esse. A primeira interpretação poderia conduzir o intérprete de que se trata do sindicato das empresas, pois no acordo coletivo só a empresa negocia com o sindicato dos trabalhadores. Entretanto, o que o parágrafo quer dizer é que a notificação será feita ao sindicato dos trabalhadores da categoria predominante da empresa ou do sindicato de trabalhadores de categoria diferenciada, pois o prazo é da antecedência mínima da data em que será feita a suspensão. Trata-se de ciência ao sindicato da suspensão.

É possível também que a própria negociação já tenha estabelecido o prazo para o início da suspensão contratual, mas mesmo assim deverá ser notificado o sindicato com a antecedência mínima de 15 dias da suspensão contratual, por ser determinação legal. A inobservância desse requisito poderá implicar, para a empresa, multa administrativa, porém não invalidará toda a negociação coletiva, desde que sejam observados os demais requisitos legais e a própria previsão da norma coletiva.

O contrato de trabalho não poderá ser suspenso mais de uma vez no período de 16 meses para efeito da qualificação profissional do empregado. O objetivo da determinação legal é que a empresa tenha uma programação para a suspensão dos efeitos do contrato de trabalho para qualificação profissional. A finalidade da norma também é evitar fraudes, no sentido de o empregador suspender constantemente os efeitos do contrato de trabalho. Entretanto, parece que o prazo de 16 meses é muito longo, pois após um ano poderia ser necessária nova suspensão dos efeitos do contrato de trabalho, pela mudança da situação econômica.

A lei não é expressa sobre quem irá pagar as despesas da qualificação profissional. As despesas nos cursos de qualificação profissional ficarão a cargo do empregador, salvo se este utilizar órgão público para esse fim. O empregado não terá de pagar nenhuma despesa para a qualificação profissional.

No interregno de tempo em que houver a suspensão contratual para efeito de qualificação profissional, o empregado receberá bolsa, que será paga pelo Fundo de Amparo ao Trabalhador (FAT). O empregado não receberá salário no período, nem qualquer valor da empresa.

O empregador poderá conceder ao empregado ajuda compensatória mensal, sem natureza salarial, durante o período de suspensão contratual, com valor a ser definido em convenção ou acordo coletivo. Não há obrigação da concessão da ajuda, pois a lei usa a palavra "poderá", mostrando ser facultativa sua concessão. Essa ajuda compensatória não terá incidência do FGTS ou de contribuição previdenciária, por não se tratar de salário, até também por inexistir trabalho no citado período.

O empregador também poderá conceder qualquer outro benefício ao empregado durante o período em que o contrato de trabalho estiver suspenso. Se o empregador quiser pagar salários aos empregados no período da suspensão, também poderá fazê-lo, mas nesse caso haverá a incidência das contribuições previdenciária e do FGTS. Assim, o empregador, se desejar, deverá fazer pagamentos com natureza indenizatória, para não ter de recolher contribuições sobre esses valores. O art. 15 da Convenção n. 168 da OIT faz referência a pagamento de indenizações no período da suspensão. Essa será, portanto, a natureza do pagamento.

Durante o período de suspensão contratual para participação em curso ou programa de qualificação profissional, o empregado fará jus aos benefícios voluntariamente concedidos pelo empregador. Exemplo seria a concessão de reajustes salariais, que irão beneficiar o obreiro quando retornar à empresa. Seu salário será pago já reajustado, apenas não será devido no período da suspensão para a qualificação profissional.

A hipótese já estava prevista no art. 471 da CLT, que determinava que, ao empregado afastado do emprego, são asseguradas, por ocasião de sua volta, todas as vantagens que, em sua ausência, tenham sido atribuídas à categoria a que pertencia na empresa. O requisito, portanto, é que as vantagens tenham sido atribuídas a toda a categoria a que pertencia na empresa. As vantagens devem ter sido concedidas em caráter geral. Benefícios personalíssimos, adquiridos pelo trabalhador na empresa em virtude de seu esforço pessoal, não poderão ser reivindicados por aquele que teve seu contrato suspenso ou interrompido, se não atende às condições para tanto.

A periodicidade, os valores, o cálculo do número de parcelas e os demais procedimentos operacionais de pagamento da bolsa de qualificação profissional, bem como os pré-requisitos para habilitação, serão os mesmos adotados no benefício do seguro-desemprego (art. 3º-A da Lei n. 7.998/90).

Se o contrato for rompido no período da suspensão, será suspenso o pagamento da bolsa de qualificação profissional. Havendo o retorno do trabalhador ao emprego, também cessa o pagamento da bolsa de qualificação profissional.

A empresa não terá de recolher o FGTS e as contribuições previdenciárias durante o período de suspensão do contrato de trabalho, pois do contrário não seria hipótese de suspensão dos efeitos do pacto laboral, mas de interrupção, já que geraria direitos ao obreiro. O obreiro não tem direito à liberação do FGTS, nem à indenização de 40% durante o período em que houver a suspensão dos efeitos do contrato de trabalho. Não haverá também contagem de tempo de serviço para férias e 13º salário.

O empregado com contrato suspenso manterá a qualidade de segurado, nos termos do inciso II do art. 15 da Lei n. 8.213/91, pelo período de 12 meses após a cessação das contribuições previdenciárias. Isso quer dizer que o segurado poderá requerer benefícios previdenciários no período em que o contrato de trabalho estiver suspenso para a qualificação profissional.

Caso o empregado seja dispensado no curso do período de suspensão contratual ou nos três meses subsequentes a seu retorno ao trabalho, o empregador pagará ao empregado, além das parcelas indenizatórias previstas na legislação trabalhista, multa a ser estabelecida em convenção ou acordo coletivo, sendo de, no mínimo, 100% sobre o valor da última remuneração mensal anterior à suspensão do contrato. Usa a norma legal a palavra "remuneração" e não "salário", compreendendo aquela o salário mais as gorjetas (art. 457 da CLT). A norma não está impedindo a dispensa do trabalhador, nem garante o emprego do obreiro, apenas torna mais onerosa a dispensa para o empregador, ao instituir a multa, que será prevista na norma coletiva.

Na hipótese de não ser ministrado curso ou programa de qualificação profissional, ou de o empregado permanecer trabalhando para o empregador, ficará descaracterizada a suspensão, sujeitando o empregador ao pagamento imediato dos salários e dos encargos sociais referentes ao período, às penalidades cabíveis previstas na legislação trabalhista, bem como às sanções previstas em convenção ou acordo coletivo. Isso quer dizer que o empregador deverá depositar o FGTS e recolher as contribuições previdenciárias do período.

No caso em comentário, as parcelas da bolsa de qualificação profissional que o empregado tiver recebido serão descontadas das parcelas do benefício do seguro-desemprego a que fizer jus, sendo-lhe garantido, no mínimo, o recebimento de uma parcela do seguro-desemprego. A empresa também ficará sujeita à multa prevista na norma coletiva, pelo descumprimento de suas cláusulas.

Durante o estado de calamidade pública da pandemia do coronavírus em 2020, o empregador poderá acordar a suspensão temporária do contrato de trabalho de seus empregados, de forma setorial, departamental, parcial ou na totalidade dos postos de trabalho, pelo prazo máximo de 60 dias, fracionável em dois) períodos de até 30 dias, podendo ser prorrogado por prazo determinado em ato do Poder Executivo (art. 8º da Lei n. 14.020/20). A prorrogação foi feita pelo Decreto n. 14.422/2020. A suspensão temporária poderia ser feita por convenção coletiva, acordo coletivo ou acordo individual. O empregado deve ter ciência de no mínimo dois dias corridos da realização da suspensão. A empresa que tiver auferido, no ano-calendário de 2019, receita bruta superior a R$ 4.800.000,00 somente poderá suspender o contrato de trabalho de seus empregados mediante o pagamento de ajuda compensatória mensal no valor de 30% do valor do salário do empregado, durante o período de suspensão temporária do contrato de trabalho pactuado.

19.4 Conclusão

A suspensão dos efeitos do contrato de trabalho não precisaria estar amparada em lei, pois a CLT permite que as partes combinem a referida suspensão, apenas não haveria o direito à bolsa de qualificação profissional no período. As medidas mencionadas não vão resolver os efeitos do desemprego. Podem ajudar a minorá-lo. A suspensão do contrato de trabalho para qualificação profissional não irá criar empregos, mas ajudará a evitar o aumento do desemprego, atenuando-o. Para resolver o problema do desemprego, é preciso baixar os juros e permitir tanto os investimentos públicos como os privados. Evita a suspensão, porém, a dispensa dos trabalhadores dentro de certo período.

O trabalhador ainda tem outra vantagem com a suspensão para qualificação profissional: além de não perder o emprego, fará uma reciclagem ou curso profissional, que possa habilitá-lo a desempenhar melhor seu trabalho na busca de novo emprego no mercado de trabalho, caso posteriormente seja dispensado pela empresa.

20 Subcontratação

A subcontratação pode ser entendida como a delegação a terceiros de partes das atividades da empresa.

Na construção civil, a empresa construtora delega parte de suas atividades para outras empresas, como ocorre com a contratação de empresas especializadas nos serviços de pastilhas, alvenaria, hidráulica, pintura, azulejos etc. Muitas vezes, só faz a incorporação e a administração da obra, sendo a construção feita por terceiros.

As empresas de construção civil não têm uma mão de obra permanente e estável. Esta é verificada de acordo com as necessidades da empresa, conforme vão sendo feitas outras obras.

É comum em certos setores a contratação de uma empresa que faz a subcontratação de outras, que, por sua vez, contratam outras pessoas para poderem fazer o primeiro serviço. As pessoas recebem por peça ou tarefa realizada. Isso ocorre, muitas vezes, no setor de tecidos, de sapatos etc.

Autoriza indiretamente o art. 455 da CLT a subcontratação. O próprio Código Civil admite a empreitada, em seus arts. 610 a 626.

Empreitada é o contrato em que uma das partes (empreiteiro) se obriga a realizar trabalho a outra (dono da obra), sem subordinação, com ou sem fornecimento de material, mediante pagamento de remuneração global ou proporcional ao serviço feito.

A empreitada pode ser de mão de obra, ou também chamada de lavor ou empreitada mista, em que o empreiteiro presta os serviços, mas também fornece o material a ser utilizado na obra.

A empreitada (ou *locatio operis*, locação da obra) distingue-se da locação de serviços pelo fato de na primeira contratar-se um resultado e, na segunda, uma atividade, embora em ambas haja independência e autonomia na prestação de serviços.

Exemplo de empreitada é o pedreiro que constrói uma casa ou levanta um muro. Na empreitada, o empreiteiro tanto pode ser pessoa física como jurídica, enquanto o empregado só pode ser pessoa física (art. 3º da CLT). O empreiteiro não é subordinado, enquanto o empregado deve subordinação ao empregador. A empreitada é um contrato de resultado, pois diz respeito a construção de um muro, a pintura de uma casa etc.

No contrato de trabalho não se contrata um resultado, mas uma atividade, em que o empregador exerce seu poder de direção sobre a atividade do trabalhador de prestar serviços. O empreiteiro não está submetido ao poder de direção sobre seu trabalho, exercendo-o com autonomia, livremente.

21

Contrato de Formação

O contrato de formação permite a contratação de jovens que ingressam no mercado de trabalho.

Na Espanha, há a redução de contribuições dos empregadores à seguridade social quando celebrado o referido tipo de contrato (Lei n. 1.982/84).

Existe a possibilidade do contrato de formação na Alemanha, com menores encargos sociais. Só é possível em relação a jovens que estejam em fase de formação.

Na Itália, a contratação por tempo determinado pode ser feita por 12 meses em relação a jovens em fase de formação. Destina-se a jovens de 15 a 29 anos. A duração máxima é de dois anos, sendo vedada sua prorrogação. Faz jus o empregado a um certificado no final do curso. Deve o jovem dedicar parte do tempo a educação e treinamento. O sistema acabou sendo um eficiente meio para a promoção do emprego dos jovens. A grande maioria dos jovens tem sido contratada dessa forma.

Na França, existe o pagamento de um salário mínimo específico para determinada faixa etária, permitindo que os empregadores tenham um incentivo para a contratação de jovens.

No Brasil, não há exatamente um contrato de formação. O contrato de aprendizagem é estabelecido apenas para empregados entre 14 e 24 anos, visando a formação profissional, e não a contratação do empregado depois de formado.

O estágio é um contrato que não cria vínculo de emprego (art. 3º da Lei n. 11.788/2008). É uma forma atípica de contratação, mas é celebrado durante o período em que o estagiário estiver cursando a escola e não depois do término do respectivo curso. Há a intervenção obrigatória da instituição de ensino, que estabelecerá termo de compromisso com a parte concedente do estágio. Tem por objetivo complementar o curso que o estagiário estiver fazendo.

Entretanto, o estagiário só pode estar fazendo cursos de educação superior, de ensino médio, de educação profissional, de educação especial e dos anos finais do ensino fundamental, na modalidade profissional da educação de jovens e adultos. Para quem concede o estágio, este é altamente vantajoso, justamente por não existir vínculo de emprego, desde que atendidos os requisitos legais, além de o custo ser muito menor do que o da contratação de empregado, pois não há FGTS, 13º salário, contribuições previdenciárias etc.

O sistema brasileiro também não prevê determinação legal para tratamento diferenciado na contratação de jovens, ao contrário de outros sistemas. A contratação é feita de acordo com as hipóteses já mencionadas: aprendizagem ou estágio, em seus termos, mas não há outras facilidades para a contratação de jovens que estão por ingressar no mercado de trabalho, sendo a contratação feita no modelo comum, sem qualquer diferenciação. O tratamento do jovem é de um empregado comum, sem que existam incentivos fiscais para essa forma de contratação.

22

Contrato de Solidariedade

É o que ocorre com os contratos de pessoas em vias de aposentadoria, que têm sua jornada e salário diminuídos, visando a contratação de outras pessoas.

Dispõe a lei italiana de 1984 sobre a contratação a tempo parcial, regulando os "contratos de solidariedade", que têm menor proteção legal, tanto no direito do trabalho como no direito previdenciário.

Na Alemanha, há a aposentadoria de meio expediente. Foi promulgada lei nesse sentido em 1992. Nova versão melhorada foi editada em 1996. Um trabalhador com pelo menos 55 anos de idade, empregado por pelo menos três dos últimos cinco anos e que ainda tenha emprego em tempo integral, pode entrar em acordo com seu empregador para reduzir sua carga horária de trabalho à metade, desde que não inferior a 18 horas semanais. Passará a receber 70% do salário correspondente à sua atribuição em tempo integral. Pode haver trabalho em tempo integral em certos períodos e trabalho em regime de meio expediente em outros. Caso o empregador contrate outro trabalhador para executar o restante do serviço, 20% da remuneração do empregado contratado por meio expediente será reembolsada pelo Estado.

No Brasil, não existe sistema nesse sentido, nem legislação tratando do assunto.

23

Kapovaz

Kapovaz quer dizer *Kapazitätsorientierte variable Arbeitszeit.*

Günter Schaub entende que a denominação correta deveria ser *Bedarfsabhängige ariable Arbeitszeit*, sendo a sigla *Bavaz*, pois a prestação de serviços não depende da capacidade da empresa, mas de sua necessidade[1].

Consiste na variação do tempo de trabalho de acordo com as necessidades do empreendimento.

Surgiu nas práticas laborais no setor comercial.

Tem previsão na lei alemã de 26 de abril de 1985, que versa sobre promoção do emprego.

São determinadas certas condições para seu estabelecimento:

• no contrato deve ser dete3rminada a duração do trabalho;

• é vedada a contratação de cláusulas impondo a obrigação do trabalho semanal de 10 a 15 horas. O obreiro não está sujeito às regras da duração da jornada normal de outros trabalhadores. É possível, porém, ser pactuado o trabalho mensal mínimo de 80 horas, que serão distribuídas de forma desigual sobre duas, três ou quatro semanas. Na ausência de ajuste, presume-se que o módulo semanal é de 10 horas;

• a requisição do serviço deve ser feita com antecedência de quatro dias, do contrário, o empregado não é obrigado a atender ao chamado;

• deve-se estabelecer, pelo menos, três horas consecutivas para efeito da duração do trabalho, visando que o empregado não seja chamado por períodos muito curtos.

---

1 SCHAUB, Günter. *Arbeitsrechts-handbuch*. 6. ed. Munique: C. H. Beck, 1987, p. 213.

24

Job Sharing

O *job sharing* é a divisão do posto de trabalho por mais de uma pessoa.

Há, assim, a possibilidade de contratação de mais de uma pessoa para o posto de trabalho, podendo reduzir os efeitos do desemprego.

Compreende a quebra do elemento pessoalidade, inerente ao contrato de trabalho, pois o empregado presta serviços pessoalmente, não podendo mandar outra pessoa em seu lugar.

Se os empregados trabalharem em jornadas distintas, que somadas importam 8 horas de trabalho, temos trabalho a tempo parcial. No *job sharing* há mesmo a divisão do posto de trabalho por várias pessoas.

Na Alemanha, a Lei de 26 de abril de 1985 tratou também do *job sharing*. A substituição dos prestadores de serviço é contratualmente regulada. Permite-se, assim, o trabalho em equipe. O empregador poderá, porém, exigir trabalho em caso de alguém da equipe ficar doente, desligar-se ou afastar-se da empresa por qualquer motivo. A despedida de toda a equipe é considerada nula. Os empregados que permanecerem devem ser transferidos para outros cargos. Na prática, o empregador acaba oferecendo um emprego de qualificação inferior[1].

Na Itália, o artigo 42 do Decreto legislativo n. 276/2003 prevê o trabalho repartido. Exige forma escrita, medida porcentual do trabalho de cada obrigado, definição do local da prestação de serviços. Deve haver a

---

[1] DÄUBLER, Wolfang; LE FRIANT, Martine. Un recent exemple de flexibilization législative: la loi allemande pour la promotion de l'emploi du 26 avril 1985. Revista *Droit Social*, Paris: Librairie Sociale et Économique, v. 9/10, p. 715-720, nov. 1986.

definição das férias e licenças. O trabalhador deve receber o mesmo tratamento econômico e normativo de quem desempenha função semelhante na empresa.

Os trabalhadores que dividem o posto de trabalho têm solidariedade. Se um não prestar o serviço, o outro deve cumprir a integralidade da obrigação. O § 1º do artigo 41 dispõe que é uma modalidade de contrato especial. É um contrato de trabalho subordinado.

25 Flexibilização Mediante Pactos

No sistema de flexibilização por pactos, há a participação do governo, dos trabalhadores e dos empregadores. É um procedimento democrático, pois não decorre apenas da imposição do primeiro aos demais. O pacto é o resultado da negociação entre as partes.

Alguns autores fazem referência ao pacto como "neocorporativismo", como uma nova forma de intervenção estatal, porém com a participação de outros atores sociais que não apenas o Estado.

Na Itália, costuma-se dizer que se trata da "concertação" social, em que há o acordo firmado entre parceiros sociais: o Estado, os empregados e os empregadores, não somente em relação a condições de trabalho, mas também quanto a condições econômicas.

A "concertação" social, porém, é um processo, enquanto os pactos sociais são acordos que podem ou não ser decorrentes de um sistema de concertação social.

Distingue-se o pacto da convenção coletiva. No primeiro, há uma relação trilateral, enquanto no segundo só participam duas partes: sindicatos de empregados e de empregadores. Muitas vezes, são tratadas questões que abrangem mais de uma categoria de trabalhadores, sendo até mais ampla que uma convenção coletiva. No pacto, não são estipuladas condições de trabalho.

Nos pactos são tratadas regras sobre salários, de manutenção dos postos de trabalho, mas também podem existir medidas mais amplas, como de combate à inflação e ao desemprego, de medidas de natureza econômica, diretrizes para o estabelecimento de convenções coletivas, reestruturações sociais para serem adaptadas às novas exigências econômicas.

Os pactos são dinâmicos, pois não têm os mesmos processos morosos de modificação da lei. Basta serem reunidos os interlocutores sociais e elaborado outro pacto ou modificadas as regras anteriores.

Nos pactos, o fundamento é o diálogo entre os interlocutores sociais, para estabelecer as condições que serão pactuadas, como, por exemplo, de trabalho.

Na Espanha, os pactos possibilitaram a fixação de grandes linhas de entendimento público, permitindo a consolidação da democracia e a aprovação da nova Constituição[1]. Um dos principais pactos foi o de Moncloa, em 1977. Foi a passagem do franquismo para a democracia.

Exemplo no Brasil ocorreu em 1999, em que houve negociação entre as empresas automobilísticas, o governo e os trabalhadores. O governo federal reduziu o IPI sobre os veículos, o estadual, o ICMS, e as empresas, o preço dos veículos. As empresas comprometeram-se a não dispensar trabalhadores no período. Em contrapartida, em determinados meses houve um crescimento muito grande das vendas de veículos, que possibilitou a venda dos altos estoques de veículos que até então existiam nos pátios das fábricas. Os trabalhadores tiveram proveito, pois garantiram seus empregos por certo período. Dependendo do caso, poderia até haver necessidade da contratação de novos trabalhadores.

O IPI foi reduzido desde 2009 para os automóveis. Para veículos com motores até 1 litro, o IPI foi reduzido de 7% para zero. Para modelos de um até 2 litros, o imposto foi reduzido de 13% para 6,5%. Para os veículos a gasolina, de 11 para 5,5% no caso de álcool e flexíveis. Foi prorrogado até junho de 2009. Houve também redução para fogões e geladeiras (linha branca).

Em 2012 também houve a redução de IPI para veículos.

---

1 CÓRDOVA, Éfren. *Pactos sociais*. São Paulo: Ibrart, 1985, p. 29.

26 Legislação Existente

A Constituição de 1988 prestigiou em vários momentos a flexibilização das regras do Direito do Trabalho, determinando: que os salários poderão ser reduzidos por convenção ou acordo coletivo de trabalho (art. 7º, VI), que a compensação ou a redução da jornada de trabalho só poderá ser feita mediante acordo ou convenção coletiva (art. 7º, XIII), o aumento da jornada de trabalho nos turnos ininterruptos de revezamento para mais de 6 horas diárias, por intermédio de negociação coletiva (art. 7º, XIV). O inciso XXVI do art. 7º do Estatuto Supremo reconheceu não só as convenções coletivas, mas também os acordos coletivos de trabalho. Estatuiu o inciso VI do art. 8º da mesma norma a obrigatoriedade da participação dos sindicatos nas negociações coletivas de trabalho.

Pode-se dizer, também, que até mesmo a participação nos lucros e na gestão da empresa são formas de flexibilização laboral, de maneira que o empregado possa participar democraticamente na gestão da empresa e de seus resultados positivos (art. 7º, XI, da Lei Ápice), sendo que a participação nos lucros pode ser feita por convenção ou acordo coletivo (art. 621 da CLT). A participação nos lucros tem sido implementada pela Lei n. 10.101/2000.

Como se verifica, há uma flexibilização de certas regras do Direito do Trabalho que só podem ser realizadas com a participação do sindicato, podendo tanto ser instituídas condições de trabalho *in mellius* (redução da jornada) ou *in peius* (para pior), como aumento da jornada nos turnos ininterruptos de revezamento ou redução de salários.

Há também a possibilidade de se instituir formas de proteção ao trabalhador, visando assegurar vantagens mínimas ao obreiro, como de segurança no emprego, da criação de empregos ou de política de emprego etc.

Se a Europa não tivesse utilizado a flexibilização do trabalho e a terceirização, talvez o índice de desemprego fosse ainda maior. A flexibilização foi uma forma de ampliar os empregos, de acordo com as necessidades do mercado, com a redução de custos. Caso não se tivesse utilizado da flexibilização, seria ainda maior a migração de capitais para onde o custo da mão de obra fosse mais barato.

A flexibilização deveria ocorrer por meio de normas coletivas, principalmente do acordo coletivo, que melhor teria condições de adaptar as peculiaridades de cada empresa. Muitas das regras jurídicas que temos são rígidas e ultrapassadas, já que foram idealizadas para outro momento histórico. Em épocas de crise, não se pode estabelecer regras rígidas sobre salário e jornada de trabalho.

A Lei n. 4.923, de 28-12-1965, permite a redução da jornada de trabalho e dos salários mediante acordo com o sindicato (art. 2º), porém dispõe que o salário só pode ser reduzido em 25%, respeitado o salário mínimo. Penso que o salário poderá ser reduzido no valor que as partes entenderem melhor, em razão da possibilidade da redução de salários contida no inciso VI do art. 7º da Constituição, que não prevê limites, apenas se deve observar o salário mínimo, por uma interpretação sistemática da Constituição, analisando-se também o inciso IV do art. 7º. O salário mínimo é a importância mínima que o trabalhador pode receber. Logo, não poderia ser reduzido o salário do trabalhador a valor inferior ao mínimo.

Previa o art. 503 da CLT ser lícita, em caso de força maior ou prejuízos devidamente comprovados, a redução geral dos salários dos empregados da empresa, proporcionalmente aos salários de cada um, não podendo, entretanto, ser superior a 25%, respeitado, em qualquer caso, o salário mínimo da região.

O inciso VI do art. 7º da Constituição de certa forma veio a prestigiar o princípio previsto no art. 468 da CLT, ao estabelecer que os salários não poderão ser reduzidos, salvo se houver negociação com o sindicato profissional, mediante acordo ou convenção coletiva de trabalho. Nesse aspecto, o art. 503 da CLT foi revogado, pois permitia a redução de salários por meio de acordo individual, sendo que agora isso só é possível por meio de convenção ou acordo coletivo de trabalho. Mesmo havendo prejuízos ou motivo de força maior, o salário não poderá ser reduzido unilateralmente pelo empregador, mas o poderá ser mediante convenção ou acordo coletivo de trabalho.

A Constituição não fixa também proporcionalidade aos salários para efeito da redução. A proporcionalidade da redução será determinada no acordo ou convenção coletiva, podendo até mesmo ser superior a 25%, dependendo da negociação coletiva, pois a Lei Maior não especifica os limites que serão estabelecidos na norma coletiva. Pela redação do art. 503 da CLT, não é preciso diminuir a jornada de trabalho, o que era estabelecido na Lei n. 4.923/65. A convenção e o acordo coletivo poderão dispor não só sobre a redução dos salários como da jornada, como na prática muitas vezes ocorre. A redução de salários não pode ser inferior ao salário mínimo, que é o valor mínimo que o empregado pode receber, sendo o mínimo indispensável para poder sobreviver com sua família.

Permite o § 2º do art. 59 da CLT a compensação da jornada, desde que não sejam excedidas mais de 10 horas diárias e não seja ultrapassado o período de um ano. É o denominado banco de horas, que na verdade é o velho acordo de compensação da jornada de trabalho. O ideal seria exatamente a ideia de o trabalhador poder prestar serviços mais horas num determinado período e menos em outro, instituindo-se o banco de horas, de modo a adaptar as necessidades de produção da empresa.

Na Bélgica, a compensação de horas é feita com base anual e não mais trimestral como era celebrada anteriormente[1].

Determina o inciso IX do art. 170 da Constituição tratamento favorecido para as empresas de pequeno porte constituídas sob as leis brasileiras que tenham sua sede e administração no país. Reza o art. 179 da Constituição que a União, os Estados, o Distrito Federal e os Municípios dispensarão às microempresas e às empresas de pequeno porte, assim definidas em lei, tratamento jurídico diferenciado, visando incentivá-las pela simplificação de suas obrigações administrativas, tributárias, previdenciárias e creditícias, ou pela eliminação ou redução destas por meio de lei.

---

1 VANDAMME, François; TEMPLES, Jean-François. Étapes récents vers la plus grande flexibilité du temps de travail: les experiences Hansenne. *La flexibilité du Marché de l'emploi*: un enjeu économique et social, p. 245-246.

A Lei Complementar n. 123/2006 instituiu o Estatuto da Microempresa e da Empresa de Pequeno Porte, prevendo tratamento jurídico diferenciado e simplificado, nos termos dos arts. 170 e 179 da Constituição. Ficam a microempresa e a empresa de pequeno porte dispensadas:

a) da afixação de quadro de trabalho em suas dependências; (art. 74 da CLT);

b) da anotação das férias em livro ou fichas de registros de empregados (§ 2º do art. 135 da CLT);

c) de comunicar ao Ministério do Trabalho e Emprego a concessão de férias coletivas;

d) a matrícula de menores aprendizes no Sistema de Aprendizagem (art. 429 da CLT);

e) de possuírem livro de Inspeção do Trabalho (§ 1º do art. 628 da CLT) (art. 51).

São tratamentos mais flexíveis estabelecidos às referidas empresas, em razão de seu tamanho, porque não têm as mesmas condições financeiras das grandes empresas. Entretanto, as citadas empresas devem:

a) anotar nas Carteiras de Trabalho de seus empregados;

b) apresentar a Relação Anual de Informações Sociais (Rais), e o Cadastro Geral de Empregados e Desempregados (Caged);

c) manter arquivados os documentos comprobatórios de cumprimento das obrigações trabalhistas e previdenciárias, enquanto não prescreverem essas obrigações;

d) apresentar a Guia de Recolhimento do Fundo de Garantia do Tempo de Serviço e Informações à Previdência Social (GFIP) (art. 52).

A fiscalização trabalhista deve orientar a microempresa e empresa de pequeno porte (art. 55). Será observado o critério de dupla visita para lavratura de autos de infração, salvo quando constatada infração por falta de registro de empregado, ou anotação da CTPS, ou ainda na ocorrência de reincidência, fraude, resistência, ou embaraço à fiscalização (§ 1º do art. 55).

27 Limites à Flexibilização

27.1 Classificação

Os limites à flexibilização podem ser analisados quanto à sua admissibilidade:

a) admissíveis: que são usados, por exemplo, nas épocas de crise, permitindo a continuidade da empresa, porém garantindo um mínimo ao trabalhador. A flexibilização deverá ser feita por negociação coletiva;

b) inadmissíveis: quando são instituídos apenas com o objetivo de suprimir direitos trabalhistas.

Quanto à proibição pode ser a flexibilização:

a) proibida: em que a lei veda a flexibilização, como ocorre nas hipóteses de normas de ordem pública;

b) autorizada ou permitida: o inciso VI do art. 7º da Constituição permite a redução dos salários, mediante convenção ou acordo coletivo.

A flexibilização pode ser estabelecida pela revisão de certas modalidades contratuais, como da revisão do contrato de trabalho temporário, da terceirização etc.

27.2 Limites

Os principais limites à flexibilização são dois:

a) normas de ordem pública, que não podem ser modificadas pelas partes, sendo um mínimo assegurado ao trabalhador. É o caso da observância da norma mínima contida na Constituição ou nas leis. Não seria possível, por exemplo, estabelecer aviso prévio inferior a 30 dias (art. 7º, XXI), hipótese em que a disposição seria inválida. Nada impede, portanto, que a norma coletiva estipule direitos superiores aos indicados, como aviso prévio de 45 dias;

b) quando for contrariada a política econômica do governo. A norma coletiva tem, portanto, limite na proibição do Estado. É expresso o art. 623 da CLT de que será nula disposição de convenção ou acordo coletivo que, direta ou indiretamente, contrarie proibição ou norma disciplinadora da política econômico-financeira do governo ou concernente à política salarial vigente, não produzindo quaisquer efeitos.

Em certos casos específicos, a própria norma constitucional permite o estabelecimento de situações *in peius*. Exemplos estão:

a) no inciso VI do art. 7º da Constituição, que permite a redução de salários, porém apenas por convenção ou acordo coletivo;

b) no inciso XIII do art. 7º da Lei Maior, que possibilita a compensação da jornada de trabalho, mediante acordo ou convenção coletiva;

c) no inciso XIV do art. 7º da Lei Magna, que admite turno ininterrupto de revezamento superior a 6 horas, desde que seja por intermédio de negociação coletiva.

Há, ainda, limites diretos, que são os estabelecidos na Constituição ou na lei, assim como existe limite indireto, que é a unicidade sindical, que impede a sindicalização por estabelecimento, por empresa, por bairro etc.

A divisão também pode ser feita quanto a limites constitucionais e legais.

27.2.1 *Limites constitucionais*

Estabelece o inciso VI do art. 7º da Constituição que os salários não poderão ser reduzidos, salvo se houver negociação com o sindicato profissional, mediante convenção ou acordo coletivo de trabalho.

A Constituição determina a impossibilidade de redução de salários e não da remuneração. O art. 457 da CLT estabelece que a remuneração é composta de salário mais gorjeta. Salário é o que é pago diretamente pelo empregador ao empregado. Gorjeta é paga pelo cliente. Nada impede, portanto, a redução das gorjetas, que não são salário. O que é proveniente do empregador, que é o salário, não poderá ser reduzido, salvo por negociação coletiva. Salário compreende as verbas contidas no § 1º do art. 457 da CLT, como abonos, diárias, gratificações ajustadas, comissões, percentagens, prestações *in natura*.

Está revogado o art. 503 da CLT pelo inciso VI do art. 7º da Lei Maior, pois permitia o primeiro dispositivo a redução de salários por acordo individual, quando agora isso só é possível por meio de convenção ou acordo coletivo de trabalho.

Está em vigor, em parte, o art. 2º da Lei n. 4.923/65, que permite a redução da jornada e dos salários, em razão da conjuntura econômica, mediante acordo coletivo, homologado pela DRT, por tempo certo, não excedente de três meses, prorrogável, nas mesmas condições, se for indispensável; o salário, porém, não poderá sofrer redução superior a 25%, respeitando-se, sempre, o salário mínimo, reduzindo-se também a remuneração e as gratificações de gerentes e diretores. A referida alteração pode ser feita tanto no salário como na jornada, com a participação do sindicato, por meio de acordo coletivo, prestigiando as determinações dos incisos VI e XIII do art. 7º da Constituição. A redução do salário não tem, porém, o limite de 25%, mas aquele que for determinado na norma coletiva.

A Constituição não estabelece limite. Em hipótese alguma, contudo, a redução do salário poderá implicar pagamento de valor inferior ao salário mínimo, que é a importância mínima que deve ser paga ao trabalhador (art. 7º, IV, da Constituição). Esse limite está, portanto, previsto na própria Lei Maior. O limite de três meses também deixa de existir, em razão de que deverá ser fixado pela própria norma coletiva, que poderá prever outro período, superior ou inferior. É a partir de agora desnecessária a homologação da DRT sobre o acordo, apenas o depósito da convenção ou do acordo coletivo, para que estes tenham vigência (§ 1º do art. 614 da CLT).

Não será apenas celebrado em caso de conjuntura econômica desfavorável, mas em relação àquilo que for necessário e entabulado pelas partes. A negociação coletiva é que vai estabelecer os limites e condições para efeito da redução salarial e da jornada.

Trouxe o inciso XIII do art. 7º da Constituição a dúvida sobre se o acordo nele contido é individual ou coletivo. Sua redação é a seguinte: "duração do trabalho normal não superior a oito horas diárias e quarenta e quatro semanais, facultada a compensação de horários e a redução da jornada, mediante acordo ou convenção coletiva de trabalho".

Entendo que o adjetivo "coletiva", qualificando o substantivo convenção, diz respeito tanto à convenção como ao acordo, até mesmo em razão da conjunção "ou" empregada no texto, que mostra a alternatividade de tanto a convenção como o acordo serem coletivos. A palavra "coletiva" deve concordar com a palavra imediatamente anterior, que é feminina, mas aquela refere-se também ao acordo. Por esse raciocínio, o acordo deve ser coletivo e não individual.

O filólogo Celso Cunha, que fez a revisão gramatical da Constituição, entende que a última palavra numa frase deve concordar com a anterior, se esta for feminina. São seus os exemplos: "Comprei uma gravata e um chapéu escuro"; "Estudo o idioma e a literatura portuguesa"[1]. No mesmo sentido, a lição de Napoleão Mendes de Almeida: "Coragem e disciplina digna de granadeiros"[2]. Sá Nunes mostra o mesmo tipo de exemplo: "Foi o pobre homem ao convite no dia e hora assinada"[3]. A. M. de Souza e Silva emprega exemplo semelhante: "o exército e a marinha brasileira"[4]. Rodrigues Lapa indica o seguinte exemplo: "Isso requer estudo e paciência demorada"; "O estudo e a profissão monástica"[5].

Na verdade, o que o constituinte pretendeu foi apresentar sinônimos para mesmas expressões. Por isso, usou a expressão "acordo ou convenção coletiva" no inciso XIII do art. 7º, "negociação coletiva" no inciso XIV

---

1 CUNHA, Celso. *Gramática moderna*. Belo Horizonte: Bernardo Álvares, 1970, p. 130.

2 ALMEIDA, Napoleão Mendes de. *Gramática metódica da língua portuguesa*. São Paulo: Saraiva, 1967, p. 413.

3 NUNES, Sá. *Língua vernácula*. Porto Alegre: Globo, 1938, p. 237.

4 SOUZA E SILVA, A. M. de. *Dificuldades sintáticas e flexionais*. Rio de Janeiro: Simões, 1958, p. 24.

5 LAPA, Rodrigues. *Estilística da língua portuguesa*. Coimbra, 1984, p. 228.

do art. 7º, "convenção e acordo coletivo" no inciso VI do art. 7º e "convenção e acordo coletivo" no inciso XXVI do mesmo artigo. O objetivo do constituinte foi não ser repetitivo, não empregando expressões repetidas, adotando variações ou sinônimos.

O constituinte, ao mencionar acordo, quis referir-se a acordo coletivo e não a acordo escrito ou individual, até mesmo para prestigiar a participação dos sindicatos nas negociações coletivas (art. 8º, VI, da Constituição).

Se o empregado pactuar, mediante acordo individual com o empregador, a compensação do horário de trabalho, terá o segundo de pagar como extras as horas trabalhadas além da oitava diária, pois a compensação de horários, a partir de 5 de outubro de 1988, somente pode ser feita por acordo coletivo ou por convenção coletiva de trabalho, nunca por acordo individual. Nesse ponto, estaria derrogada a antiga redação do § 2º do art. 59 da CLT, caso se entenda que se trata de acordo individual para a compensação da jornada.

Entendo ser inconstitucional a determinação do § 2º do art. 59 da CLT, pois esse dispositivo trata de acordo individual, em razão de que a interpretação do inciso XIII do art. 7º da Constituição deve ser de que o acordo é coletivo. A compensação da jornada, portanto, só pode ser feita por convenção ou acordo coletivo.

O TST entende, porém que "é válido o acordo individual para compensação de horas, salvo se houver norma coletiva em sentido contrário" (Súmula 85, II).

O STF entendeu válida a redução do salário e redução da jornada por acordo individual previsto no art. 7º da Lei n. 14.020/2020, em razão da pandemia de coronavírus de 2020.

A redação anterior do § 2º do art. 59 da CLT permitia que a compensação fosse apenas de duas horas por dia, não excedendo o limite semanal. A redação da citada norma, de acordo com a Lei n. 9.601/98, dispunha que não podem ser excedidos 120 dias para efeito da compensação. Atualmente, estabelece-se que a limitação é de um ano.

A compensação anual sofre as críticas de só beneficiar o empregador e ir contra o fundamento da saúde do empregado. Assim, mais certo seria a compensação semanal ou mensal, em que haveria para o empregado maior previsibilidade dos dias trabalhados.

Há os autores que pensam que o limite de compensação seria de 44 horas na semana[6]. José Affonso Dallegrave Neto afirma que "a Constituição, art. 7º XIII, antes de se referir a faculdade de compensação de horários, fez menção expressa à jornada de 8 horas e à carga semanal de 44 horas". "A compensação de jornada somente é permitida dentro da mesma semana"[7].

Luiz Carlos Amorim Robortella afirma que:

> a leitura mais demorada do art. 7º, XIII, nos leva a afirmar que ali não se criou um sistema de compensação de horários necessariamente jungido ao módulo semanal. Achamos que a compensação facultada diz respeito não só à duração diária de 8 horas, mas também à duração semanal, possibilitando módulos mais amplos[8].

Cabe à norma coletiva estabelecer o limite da compensação e não à lei ordinária, sendo inconstitucional a determinação do § 2º do art. 59 da CLT. Assim, a norma coletiva determinará qual é o limite para a compensação da jornada, que pode ser de 120 dias, de um ano, de dois anos ou qualquer outro período, pois a lei não pode limitar a matéria.

Para a redução da jornada, não há limite de 8 horas diárias e 44 semanais. Certas categorias de empregados nem mesmo trabalham 8 horas por dia, mas 6 horas (bancários e cabineiros de elevadores) etc.

Na Constituição também não se verifica limitação para a compensação, que nem é de 8 horas diárias, pois a jornada será maior para se possibilitar a compensação, muito menos é de 44 horas semanais. É a norma coletiva que vai determinar o número de horas diárias de trabalho

---

[6] Nesse sentido o entendimento de José Cretella Jr. (*Comentários à Constituição*. Rio de Janeiro: Forense Universitária, 1989, v. 2, p. 954-955), Eugenio Haddock Lobo e Julio Cesar do Prado Leite (*Comentários à Constituição Federal*. Rio de Janeiro: Edições Trabalhistas, 1989, v. 1, p. 205).

[7] DALLEGRAVE NETO, José Affonso. Acordo de compensação de jornada de trabalho. *Revista LTr* 61-12, 1.602 e 1.604.

[8] ROBORTELLA, Luiz Carlos Amorim. Jornada de trabalho e férias na Constituição de 1988. *Curso de direito constitucional do trabalho*. Estudos em homenagem ao Professor Amauri Mascaro Nascimento. São Paulo: LTr, 1991, p. 190.

e estabelecer o limite de compensação.

É válida convenção coletiva, acordo coletivo ou acordo individual escrito para estabelecer na empresa o regime de compensação de 12 horas de trabalho por 36 de descanso (art. 59-A da CLT), que é muito utilizado na área hospitalar, sendo até de preferência dos próprios funcionários. Não serão extras, no caso, as horas trabalhadas além da oitava diária, muito menos além da 10ª hora.

O banco de horas poderá ser pactuado por acordo individual escrito, desde que a compensação ocorra no período máximo de seis meses (§ 5º do art. 59 da CLT).

É lícito o regime de compensação de jornada estabelecido por acordo individual, tácito ou escrito, para a compensação no mesmo mês (§ 6º do art. 59 da CLT).

O STF entendeu que a jornada 12 x 36 do bombeiro é válida mediante negociação coletiva. O pedido da ação direta de inconstitucionalidade foi rejeitado[9], mas foi proposto de forma errada, pois questionava a inconstitucionalidade do art. 5º da Lei n. 11.901/2009 em relação ao direito à saúde previsto no art. 196 da Constituição. Não foi examinado expressamente o inciso XIII do art. 7º da Constituição.

Caso se entenda que o § 2º do art. 59 da CLT está em vigor, as horas trabalhadas no sistema 12 × 36 além da 10ª serão tidas como extras e a empresa ainda estará sujeita à multa administrativa, devida à União, por violação do citado comando legal (art. 75 da CLT).

Na área rural, as partes podem fazer acordo, com a notificação do sindicato, sobre a natureza não salarial da habitação fornecida ao empregado (§ 5º do art. 9º da Lei n. 5.889/73).

Determina o inciso XIV do art. 7º da Lei Magna ser de 6 horas o trabalho em turnos ininterruptos de revezamento, salvo negociação coletiva. O limite de horas a serem trabalhadas nos turnos ininterruptos de revezamento será determinado na norma coletiva, que poderá especificar 7 horas de trabalho, 8 horas, 9 horas, 10 horas etc. O inciso XIV do art. 7º da Constituição não dispõe que adotada jornada superior a 6 horas

9 STF, Pleno, ADIn 4.842, Min. Edson Fachin, DJe 14-9-2016.

deve-se observar o limite de 44 horas ou de 36 horas. Se a lei não distingue não cabe ao intérprete fazê-lo.

A Constituição ressalva a previsão de negociação coletiva, que, portanto, não precisa respeitar o módulo semanal, salvo se a norma coletiva dispuser exatamente nesse sentido. Esclarece a Súmula 423 do TST que quando há na empresa o sistema de turno ininterrupto de revezamento, é válida a fixação de jornada superior a seis horas mediante negociação coletiva.

Reza o art. 60 da CLT que nas atividades insalubres, assim consideradas as constantes dos quadros mencionados no capítulo "Da Segurança e da Medicina do Trabalho", ou que neles venham a ser incluídas por ato do Ministro do Trabalho, quaisquer prorrogações só poderão ser acordadas mediante licença prévia das autoridades competentes em matéria de higiene do trabalho, as quais, para esse efeito, farão os necessários exames locais e à verificação dos métodos e processos de trabalho, quer diretamente, quer por intermédio de autoridades sanitárias federais, estaduais e municipais, com quem entrarão em entendimento para tal fim.

Estabelece o art. 60 da CLT que nas atividades insalubres "quaisquer prorrogações" só poderão ser feitas por intermédio de licença prévia das autoridades competentes em matéria de segurança e higiene de trabalho, sendo nula a prorrogação que não atenda a essa regra de ordem pública.

Com o advento do inciso XIII do art. 7º da Lei Fundamental, surge a dúvida sobre se o art. 60 da CLT ainda está em vigor.

Afirmam alguns que o art. 60 da CLT seria uma norma de segurança e medicina do trabalho, que se compatibilizaria e seria decorrente do inciso XXII do art. 7º da Lei Maior, que prevê a redução de riscos inerentes ao trabalho, de acordo com normas de saúde, higiene e segurança.

Não se pode dizer, entretanto, que aquele comando legal é uma norma de segurança e medicina de trabalho, pois está inserido na Seção II (Da Jornada de Trabalho) do Capítulo II, do Título II, da CLT, que trata da duração do trabalho, e não no Capítulo V do mesmo título, que prescreve regras sobre medicina e segurança do trabalho (arts. 154 a 283). Apesar de o art. 60 da CLT referir-se ao capítulo sobre segurança e medicina do trabalho, a questão nele versada é sobre prorrogação da jornada de trabalho.

O art. 60 da CLT e o inciso XIII do art. 7º da Constituição não versam, porém, sobre questões diversas. Ao contrário, a compensação não deixa de ser uma espécie de prorrogação do horário de trabalho, que somente poderá ser feita por convenção ou acordo coletivo. O artigo consolidado, ao mencionar "qualquer prorrogação", implicitamente engloba a compensação do horário de trabalho, que vem a ser uma forma de prorrogação da jornada de trabalho. Como o texto constitucional estabeleceu uma única condição para a compensação do horário de trabalho, que é a celebração de acordo ou convenção coletiva de trabalho, não há mais necessidade de autorização prévia da DRT para prorrogação da jornada de trabalho, havendo incompatibilidade entre o art. 60 da CLT e o inciso XIII do art. 7º da Constituição, estando revogado, assim, o primeiro.

A lei anterior (art. 60 da CLT) não passa a ser inconstitucional em razão do inciso XIII do art. 7º da Constituição, pois não seria possível que o legislador ordinário fosse infringir norma constitucional futura, de que não tinha conhecimento. Na verdade, a Constituição, por ser posterior e hierarquicamente superior à lei ordinária, revoga por incompatibilidade a norma anterior, o art. 60 da CLT, por ter regulado diferentemente a matéria e por ser contrária ao último dispositivo legal.

Quando a Constituição explicita como um direito vai ser exercitado, esta especificação implica a proibição implícita de qualquer interferência legislativa do legislador ordinário, que não pode sujeitar a norma constitucional a outras condições. O legislador estabeleceu o limite máximo diário e semanal e a compensação ou redução mediante acordo ou convenção coletiva. Não pode a legislação ordinária estabelecer de modo diverso. Qualquer outro requisito importa em colidência direta com a Lei Maior, fazendo restrição de forma indevida onde o legislador constitucional não pretendeu fazer qualquer restrição, inclusive quanto à negociação ou à liberdade de negociação coletiva.

Há, portanto, uma única condição para a prorrogação do horário de trabalho em atividade insalubre: a existência de convenção ou acordo coletivo de trabalho. Não há, assim, outra condição, nem é preciso ser feita regulamentação infraconstitucional, pois o único requisito é a negociação coletiva. Logo, é possível a compensação de horário de trabalho ser feita por acordo ou convenção coletiva nas atividades insalubres.

A Súmula 85, VI, do TST afirma, porém, que não é válido acordo de compensação de jornada em atividade insalubre, ainda que estipulado em norma coletiva, sem a necessária inspeção prévia e permissão da autoridade competente, na forma do art. 60 da CLT.

A flexibilização não poderá ser feita sobre direitos mínimos assegurados constitucionalmente ao trabalhador, salvo quando a própria Lei Maior a permitir, como nos incisos VI, XIII, XIV do art. 7º da Lei Maior, em que há uma expressa determinação para admitir situações *in peius* para o trabalhador. Também não será possível a flexibilização de normas de higiene e segurança do trabalho, pois são fundamentais à saúde do trabalhador.

Dentro do sistema jurídico brasileiro, os acordos derrogatórios devem observar o direito adquirido, em razão de que o inciso XXXVI do art. 5º da Constituição dispõe sobre o respeito ao direito adquirido. Salvo nas hipóteses constitucionais ou legais em que é permitida a flexibilização é que esta será utilizada.

Reza o inciso VI do art. 8º da Lei Magna que o sindicato deve participar obrigatoriamente das negociações coletivas. Entende-se que a participação obrigatória é do sindicato da categoria dos trabalhadores, pois nos acordos coletivos só participam o sindicato da categoria profissional e uma ou mais empresas (§ 1º do art. 611 da CLT).

Não é possível flexibilizar a relação de trabalho doméstico, que já é mínima. O salário poderia ser reduzido se houvesse a participação do sindicato de trabalhadores (art. 7º, VI, da Constituição).

27.2.2 *Limites legais*

O intervalo intrajornada pode ser reduzido por convenção ou acordo coletivo, respeitado o limite mínimo de 30 minutos para jornadas superior a seis horas (art. 611-A, III, da CLT).

O Ministério do Trabalho pode reduzir o intervalo (§ 3º do art. 71 da CLT). Ele vai verificar se há refeitório na empresa. Normalmente, o intervalo é reduzido nessas condições para 30 minutos.

A não concessão ou a concessão parcial do intervalo intrajornada mínimo, para repouso e alimentação, a empregados urbanos e rurais, implica o pagamento, de natureza indenizatória, apenas do período suprimido, com acréscimo de 50% sobre o valor da remuneração da hora normal de trabalho (§ 4º do art. 71 da CLT).

A jornada de trajeto ou *in itinere* compreende o período de tempo em que o empregado percorre um caminho até chegar ao local de trabalho, que é de difícil acesso, mediante fornecimento de condução pelo empregador, em razão de que não existe condução pública até o referido lugar.

O tempo despendido pelo empregado desde a sua residência até a efetiva ocupação do posto de trabalho e para o seu retorno, caminhando ou por qualquer meio de transporte, inclusive o fornecido pelo empregador, não será computado na jornada de trabalho, por não ser tempo à disposição do empregador (§ 2º do art. 58 da CLT).

As condições de trabalho deveriam, ainda, respeitar a cláusula *rebus sic stantibus*. Enquanto as coisas permanecerem como estão, não haverá modificação da situação de fato. Havendo alteração das condições econômicas, como nas crises, é que devem existir mecanismos jurídicos para estabelecer a flexibilização.

Na Espanha, são considerados direitos intangíveis ou inderrogáveis os previstos em lei, que seriam o conteúdo mínimo.

Na França, uma convenção ou um acordo coletivo podem ter estipulações mais favoráveis aos empregados que as disposições legais em vigor. Não podem derrogar disposições que tenham característica de ordem pública.

O art. 9º da Lei n. 605/49 não deixa de ser espécie de flexibilização de condições de trabalho: ou a empresa concede a folga semanal ou faz pagamento em dobro.

27.3 Conclusão

A maior dificuldade é estabelecer quais são os limites mínimos a serem observados. É de se entender que no sistema brasileiro os limites mínimos são os constitucionais e legais.

O desemprego crescente e a inflação constante trazem um enfraquecimento do poder de reivindicação e de negociação dos sindicatos. Em épocas adversas, não há muito o que negociar. O empresariado diz "não posso conceder" e nada se pode fazer. Por isso, é mister a observância do mínimo legal e constitucional. Apenas em situações excepcionais, como as descritas na Norma Magna, é que seria possível estabelecer situações para pior.

O Brasil ainda está numa fase inicial da flexibilização, pois não são muitos os dispositivos que a regulam. Há necessidade de outras normas tratando da flexibilização, de forma a adaptar a legislação à realidade. Não se pode negar, porém, a necessidade premente que é a flexibilização, diante das crises. A realidade é que uma minoria tem emprego e é protegida, enquanto a grande maioria trabalha, mas está desamparada pela legislação.

O ideal é que a flexibilização fosse feita por acordo coletivo de trabalho, por ser descentralizado e atender às peculiaridades de cada empresa, como seu tamanho, seu tipo societário etc. A flexibilização pela convenção coletiva generaliza, pois no nosso sistema atinge toda a categoria, sem fazer distinção entre empresas grandes e pequenas.

A imperatividade da lei deve dizer respeito apenas à contratação individual, pois do contrário o empregado fica totalmente desprotegido e ao arbítrio do empregador. Na contratação coletiva, a lei deveria apenas ser dispositiva, em razão da possibilidade de a negociação ser feita para vários fins, principalmente quando há crises econômicas ou outros fatores.

28

Flexibilização e Princípios do Direito do Trabalho

Princípio é a proposição que se coloca na base da ciência, informando-a e orientando-a.

Os autores não são unânimes sobre os princípios do Direito do Trabalho. Os mais aceitos são o protecionista, o da irrenunciabilidade dos direitos trabalhistas, da continuidade e da primazia da realidade. São tais princípios encontrados na obra de Américo Plá Rodrigues[1].

28.1 Protecionista

O princípio protecionista mostra que as normas trabalhistas devem ser estabelecidas com o objetivo de proteger o trabalhador, que é o polo mais fraco da relação trabalhista.

Determina o *caput* do art. 7º da Constituição que são direitos dos trabalhadores urbanos e rurais, além de outros que visem à melhoria de sua condição social. Isso significa que outros direitos podem ser previstos pelo legislador ordinário. A ideia é que eles fossem estabelecidos de forma mais favorável. Nada impede, porém, que o legislador ordinário estabeleça regras para pior.

---

[1] *Os princípios do direito do trabalho*. 2. ed. Buenos Aires: Depalma, 1990, p. 18.

O inciso XIV do art. 7º da Constituição prevê que é possível estabelecer situação para pior nos turnos ininterruptos de revezamento ao prescrever que a negociação coletiva poderá determinar a jornada de trabalho superior a seis horas. O inciso VI do mesmo artigo mostra que os salários podem ser reduzidos.

A Lei n. 10.243, de 19 de junho de 2001, deu nova redação ao § 2º do art. 458 da CLT. Passou-se a não considerar como salário utilidade o transporte, o vestuário, a educação, os planos médicos e odontológicos. Trata-se de situação que, para o trabalhador, é pior do que a da redação anterior, pois tais verbas não mais terão natureza salarial e repercussão em outras verbas.

No sistema jurídico brasileiro, valem mais as regras do que os princípios. Assim, uma lei que estabeleça situação menos favorável ao trabalhador pode mitigar sensivelmente o princípio da proteção e da melhoria das condições de trabalho.

28.2 Irrenunciabilidade

As regras trabalhistas são irrenunciáveis. Toda vez que o empregador tiver por objetivo desvirtuar, impedir ou fraudar a aplicação dos preceitos trabalhistas, seu procedimento não terá nenhum valor (art. 9º da CLT). A Súmula 276 do TST mostra que o aviso prévio é irrenunciável pelo empregado, salvo se houver prova de que já obteve novo emprego. Entretanto, o referido princípio não tem base constitucional, mas na lei ordinária. Assim, se houver modificação na lei ordinária no sentido de renúncia a determinado direito trabalhista, não se poderá falar em invalidade, pois as regras valem mais do que os princípios no direito brasileiro.

28.3 Continuidade

A continuidade do contrato de trabalho já ficou mitigada pelo fato de que foi extinta a estabilidade com a Constituição de 1988. Somente os trabalhadores que têm direito adquirido é que poderão invocar a estabilidade para não serem dispensados, salvo havendo justa causa para a dispensa.

O FGTS também foi o grande causador da rotatividade da mão de obra, pois, a partir de 1º de janeiro de 1967, o empregador só admitia trabalhadores optantes pelo FGTS. Não queria que o empregado se tornasse estável na empresa. Hoje, basta o empregador pagar as verbas rescisórias, liberar o FGTS e o seguro-desemprego e pagar a indenização de 40% do FGTS que o empregado pode ser dispensado. Não há obstáculos, salvo nas hipóteses em que o trabalhador for estável ou gozar de garantia de emprego.

O princípio da continuidade também tem sido mitigado na contratação por prazo determinado, inclusive com a concessão de incentivos fiscais para esse fim.

28.4 Primazia da realidade

O princípio da primazia da realidade também tem sido prejudicado nos casos em que o empregado público não presta concurso público para ser admitido no serviço, como determina o inciso II do art. 37 da Constituição. Apesar de ser subordinado e ter todas as características de empregado, a exigência formal, que é prestar concurso público, foi desobedecida. O inciso II da Súmula 331 do TST consagra a mesma orientação. Esclarece a Súmula 363 do TST que:

> a contratação de servidor público, após a CF/1988, sem prévia aprovação em concurso público, encontra óbice no seu art. 37, II, e § 2º, somente conferindo-lhe direito ao pagamento da contraprestação pactuada, em relação ao número de horas trabalhadas, respeitado o valor da hora do salário mínimo e dos valores aos depósitos do FGTS.

Assim, o empregado só recebe os salários e não é reconhecido o vínculo de emprego com a Administração Pública. A realidade, que é ser empregado, fica totalmente prejudicada diante da previsão constitucional da necessidade de concurso público para a admissão na Administração Pública.

Se a flexibilização for feita por meio de lei, os princípios do Direito do Trabalho mencionados podem ser altamente prejudicados. Dependendo do caso, podem simplesmente desaparecer, pois o que vale em nosso sistema é a lei e não o princípio, que só é aplicado nas lacunas da lei. É expresso o art. 4º da Lei de Introdução às Normas do Direito Brasileiro ao prever que, se a lei for omissa, o juiz decidirá o caso de acordo com a analogia, os costumes e os princípios gerais de direito.

Assim, apenas se a lei for omissa é que os princípios serão utilizados. Trata-se de critério de integração, de completar a lacuna da lei, de inteirar seu conteúdo. Mesmo o art. 8º da CLT indica que apenas na falta de disposições legais ou convencionais é que serão utilizados os princípios. Logo, existindo disposições legais ou convencionais, eles não serão utilizados. A única exceção é se o princípio estiver positivado na Constituição (como o princípio da legalidade, da estrita legalidade tributária) ou na lei, mas aí ele será regra, embora ela contenha o princípio.

29 Negociado e Legislado

Há uma corrente que defende que o negociado prevaleça sobre o legislado, desde que a negociação seja feita com a participação do sindicato dos trabalhadores. Objetiva-se com isso, segundo seus adeptos, trazer para a formalidade as pessoas que estão na informalidade. Entretanto, não se pode dizer que, se o negociado prevalecer sobre o legislado, haveria a contratação de pessoas que estão na informalidade, principalmente pelo fato de que o trabalhador está sendo substituído pela máquina.

O governo federal pretendia alterar a redação do *caput* do art. 7º da Constituição, para permitir que fosse acrescentada a expressão *salvo negociação coletiva*, permitindo que o negociado prevalecesse sobre o legislado. Como a Lei Maior exige o quórum de três quintos para serem feitas emendas constitucionais, o tema foi abandonado.

Resolveu-se, então alterar a redação do art. 618 da CLT para incluir a prevalência do negociado sobre o legislado. O Projeto de Lei n. 5.483/2001 dava a seguinte redação ao art. 618 da CLT, mas já era diferente da anterior:

> Art. 618. As condições de trabalho ajustadas mediante convenção ou acordo coletivo prevalecem sobre o disposto em lei, desde que não contrariem a Constituição Federal e as normas de segurança e saúde do trabalho.

O texto do art. 618 da CLT aprovado na Câmara dos Deputados foi o seguinte:

> Art. 618. Na ausência de convenção ou acordo coletivo firmados por manifestação expressa da vontade das partes e observadas as demais disposições do Título VI desta Consolidação, a lei regulará as condições de trabalho.

> Parágrafo único. A convenção ou acordo coletivo, respeitados os direitos trabalhistas previstos na Constituição Federal, não podem contrariar lei complementar, as Leis n. 6.321, de 14 de abril de 1976, e n. 7.418, de 16 de dezembro de 1985, a legislação tributária, a previdenciária e a relativa ao Fundo de Garantia do Tempo de Serviço – FGTS, bem como as normas de segurança e saúde do trabalho.

29.1 Constitucionalidade

Alguns diriam que haveria inconstitucionalidade da nova redação do art. 618 da CLT pelo fato de que a Constituição autoriza apenas em alguns casos a *reformatio in peius* (art. 7º, VI, XIII, XIV). Assim, ela não poderia ser feita em outros casos.

Ninguém é obrigado a fazer ou a deixar de fazer algo a não ser em virtude de lei. Entretanto, o reconhecimento das convenções e dos acordos coletivos está no inciso XXVI do art. 7º da Constituição.

Deve ser interpretado o inciso XXVI do art. 7º da Constituição sistematicamente com os outros dispositivos da Constituição. Assim, haverá possibilidade de flexibilização em outras hipóteses, desde que atendido o art. 618 da CLT.

Se é possível reduzir salário, que tem natureza alimentar e é o mais, seria possível alterar outras regras, desde que observado o art. 618 da CLT.

O *caput* do art. 7º da Constituição depende da previsão da lei infraconstitucional para ser aplicado.

29.2 Negociado e legislado

O negociado já tem prevalecido sobre o legislado quando é para estabelecer condições mais benéficas ao trabalhador.

Já prevalece o negociado sobre o legislado nos casos previstos nos incisos VI, XIII, XIV do art. 7º da Constituição.

Só se fala em flexibilidade de direitos individuais do trabalho. Não se faz referência a direitos coletivos, como greve.

Normas previstas na Constituição não poderão ser alteradas por negociação coletiva. É o que o ocorre com as disposições dos arts. 7º a 11 da Lei Maior.

Será vedado o pagamento de salário inferior ao mínimo (art. 611-B, IV, da CLT), mesmo para quem receba remuneração variável.

O 13º salário não poderá ser extinto, mas a forma de seu pagamento poderá até ser mensal, o que até seria mais favorável ao trabalhador, que receberia pagamentos todos os meses, em vez de uma prestação geralmente em novembro e outra em dezembro.

O pagamento mensal do 13º salário pode representar que no final do ano o empregado não terá numerário para comprar presentes no Natal. Haverá prejuízo para o comércio, que é impulsionado no final do ano pelo 13º salário dos empregados. Gera empregos temporários, que poderão deixar de ser criados.

Não poderá ser revogada a legislação ordinária que estabelece que a remuneração do trabalho noturno é superior à do diurno.

A hora noturna poderá ser inferior a 20%, podendo ter até um porcentual inexpressivo, sendo apenas superior a 1%. Mesmo assim ela atenderá ao comando constitucional, pois será superior à hora diurna.

A participação nos lucros ou resultados também não poderá deixar de ser direito do trabalhador, porém a forma de pagamento poderá até ser mensal.

A duração do trabalho não poderá ser superior a oito horas diárias e 44 semanais, salvo nos casos de compensação de horários (art. 7º, XIII, da Constituição).

O repouso semanal não poderá, por exemplo, deixar de ser remunerado, pois tem previsão no inciso XV do art. 7º da Constituição.

A remuneração das horas extras não poderá ser inferior a 50% (art. 7º, XVI, da Lei Maior), pois a Constituição usa a expressão "no mínimo".

O terço constitucional das férias não poderá ser suprimido por negociação coletiva, porém, os dias de férias e a forma de sua concessão poderão ser alterados pela negociação coletiva.

A licença-paternidade não poderá ser em período inferior a cinco dias, pois há previsão nesse sentido no § 1º do art. 10 do ADCT.

Será vedado diminuir o aviso prévio para menos de 30 dias (art. 7º, XXI, da Lei Magna), pois a Constituição usa a expressão "no mínimo".

Os adicionais de insalubridade e periculosidade não poderão ser fixados em porcentuais inferiores aos previstos na lei, pois o inciso XXIII do art. 7º da Lei Maior prevê o adicional na forma da lei.

A assistência aos filhos e dependentes desde o nascimento até cinco anos de idade em creches e pré-escolas não poderá deixar de ser gratuita.

O seguro contra acidentes do trabalho só poderá ficar por conta do empregador (art. 7º, XXVIII, da Constituição) e não do empregado.

Os prazos prescricionais de cinco anos para os trabalhadores urbanos e rurais, até o limite de dois anos após a extinção do contrato de trabalho, não poderão ser modificados pela negociação coletiva.

O negociado não poderá estabelecer o trabalho noturno, perigoso ou insalubre para quem tem menos de 18 anos e de qualquer trabalho para menores de 16 anos.

Poderá ser feita flexibilização em relação aos trabalhadores avulsos, pois eles têm os mesmos direitos dos empregados (art. 7º, XXXIV, da Constituição). A matéria pode ser objeto de convenção ou acordo coletivo com os portuários. A remuneração, a definição das funções, a composição dos termos, a multifuncionalidade e as demais condições de trabalho avulso serão objeto de negociação entre as entidades representativas dos trabalhadores portuários avulsos e dos operadores portuários (art. 43 da Lei n. 12.815/2013).

As garantias de emprego previstas na Constituição não poderão ser suprimidas pela negociação coletiva, como:

a) do dirigente sindical, desde o registro da candidatura até um ano após o término do mandato (art. 8º, VIII);

b) do empregado eleito para cargo de direção da Cipa, desde o registro da candidatura até um ano após o término do mandato (art. 10, II, *a*, do ADCT);

c) da empregada gestante, desde a confirmação da gravidez até cinco meses após o parto (art. 10, II, *b*, do ADCT).

Lei complementar que regula algum direito trabalhista é a Lei Complementar n. 7/70, que versa sobre o PIS. Os direitos decorrentes do PIS têm previsão no art. 239 da Constituição.

O inciso I do art. 7º da Constituição faz referência à lei complementar para tratar de dispensa arbitrária ou sem justa causa e indenização compensatória. Até o momento não houve regulamentação por lei complementar do referido inciso.

A Lei n. 6.321/76 trata do Programa de Alimentação do Trabalhador, que não poderá ser modificado pela negociação coletiva. O mesmo ocorre com a previsão da Lei n. 7.418/85, que versa sobre o vale-transporte.

A CLT não faz referência à segurança e saúde, mas à segurança e medicina do trabalho (arts. 154 a 201), de acordo com a redação da Lei n. 6.514/77. A redação anterior dos referidos artigos da CLT mencionava higiene e segurança no trabalho. A palavra *medicina* é mais ampla que *higiene* e a engloba. Saúde parece algo mais amplo, que compreenderia a medicina. Tem a Saúde previsão nos arts. 196 a 199 da Constituição, porém esses dispositivos nada esclarecem de concreto a respeito da denominação. O inciso XXII do art. 7º da Constituição também faz referência a redução de riscos inerentes ao trabalho, por meio de normas de saúde, higiene e segurança.

Há necessidade de formar um conceito sobre o que vem a ser saúde no trabalho. Podem ser considerados como normas relativas à saúde do trabalhador: a concessão dos intervalos contidos no art. 71 da CLT, de 15 minutos para quem trabalha mais de 4 horas até 6 horas e de uma hora para quem tem jornada superior à mencionada; o intervalo de 10 minutos a cada 90 trabalhados no serviço de mecanografia (art. 72 da CLT); o intervalo de 20 minutos a cada 1h40 minutos de trabalho para quem presta serviços em câmaras frias (art. 253 da CLT); o intervalo de 15 minutos a cada três horas de trabalho em relação aos mineiros (art. 298 da CLT).

Não podem ser modificadas as regras relativas a exame médico, EPI, primeiros socorros.

Cipa é matéria de segurança no trabalho, que visa evitar acidentes do trabalho. Será vedada sua alteração por negociação coletiva.

Insalubridade e periculosidade envolvem a saúde do trabalhador e não poderão ser alteradas, principalmente no ponto em que remetem à Portaria n. 3.214/78, que indica quais as hipóteses de insalubridade e periculosidade.

A legislação tributária não pode ser modificada por determinações de negociação coletiva, pois depende do princípio da estrita legalidade (art. 150, I, da Constituição, e art. 97 do CTN). É proibida a alteração por negociação coletiva do fato gerador, base de cálculo, contribuintes e alíquotas. Será vedada a modificação do imposto de renda incidente sobre verbas trabalhistas por meio da negociação coletiva.

O negociado não pode alterar regras de custeio da Seguridade Social, pois essas normas decorrem do princípio da legalidade tributária, que não pode ser modificado por norma coletiva. Também não poderão ser alterados os benefícios da Previdência Social, como seguro-desemprego (art. 7º, II da Constituição), salário-família (art. 7º, XII).

O salário-maternidade decorre de norma de ordem pública e não pode ser alterado. Trata-se de norma de saúde, no ponto em que há a recuperação da trabalhadora após o parto, mas também benefício previdenciário.

O FGTS é um direito previsto no inciso III do art. 7º da Constituição. Suas regras só podem ser alteradas por lei, por se tratar de contribuição social. Não podem ser modificadas por negociação coletiva.

Organização sindical não pode ser modificada pela negociação coletiva, pois tem previsão na Constituição. Não representa condição de trabalho. Já existe flexibilização constitucional quando menciona que trabalhadores e empregadores irão definir a base territorial do sindicato.

Greve não é condição de trabalho. Tem previsão no art. 9º da Constituição e não pode ser modificada.

A convenção coletiva e o acordo coletivo de trabalho têm prevalência sobre a lei quando, entre outros, dispuserem sobre (art. 611-A da CLT). O dispositivo é exemplificativo, pois emprega a expressão entre outros. Não é, portanto, taxativo:

> I – pacto quanto à jornada de trabalho, observados os limites constitucionais;
>
> II – banco de horas anual;
>
> III – intervalo intrajornada, respeitado o limite mínimo de trinta minutos para jornadas superiores a seis horas;
>
> IV – adesão ao Programa Seguro-Emprego (PSE), de que trata a Lei n. 13.189, de 19 de novembro de 2015;
>
> V – plano de cargos, salários e funções compatíveis com a condição pessoal do empregado, bem como identificação dos cargos que se enquadram como funções de confiança;

VI – regulamento empresarial;

VII - representante dos trabalhadores no local de trabalho;

VIII - teletrabalho, regime de sobreaviso, e trabalho intermitente;

IX – remuneração por produtividade, incluídas as gorjetas percebidas pelo empregado, e remuneração por desempenho individual;

X – modalidade de registro de jornada de trabalho;

XI – troca do dia de feriado;

XII – enquadramento do grau de insalubridade;

XIII – prorrogação de jornada em ambientes insalubres, sem licença prévia das autoridades competentes do Ministério do Trabalho;

XIV – prêmios de incentivo em bens ou serviços, eventualmente concedidos em programas de incentivo;

XV – participação nos lucros ou resultados da empresa.

Constituem objeto ilícito de convenção coletiva ou de acordo coletivo de trabalho, exclusivamente, a supressão ou a redução dos seguintes direitos (art. 611-B da CLTP):

I – normas de identificação profissional, inclusive as anotações na Carteira de Trabalho e Previdência Social;

II – seguro-desemprego, em caso de desemprego involuntário;

III – valor dos depósitos mensais e da indenização rescisória do Fundo de Garantia do Tempo de Serviço (FGTS);

IV – salário mínimo;

V – valor nominal do décimo terceiro salário;

VI – remuneração do trabalho noturno superior à do diurno;

VII – proteção do salário na forma da lei, constituindo crime sua retenção dolosa;

VIII – salário-família;

IX – repouso semanal remunerado;

X – remuneração do serviço extraordinário superior, no mínimo, em 50% (cinquenta por cento) à do normal;

XI – número de dias de férias devidas ao empregado;

XII – gozo de férias anuais remuneradas com, pelo menos, um terço a mais do que o salário normal;

XIII – licença-maternidade com a duração mínima de cento e vinte dias;

XIV – licença-paternidade nos termos fixados em lei;

XV – proteção do mercado de trabalho da mulher, mediante incentivos específicos, nos termos da lei;

XVI – aviso prévio proporcional ao tempo de serviço, sendo no mínimo de trinta dias, nos termos da lei;

XVII – normas de saúde, higiene e segurança do trabalho previstas em lei ou em normas regulamentadoras do Ministério do Trabalho;

XVIII – adicional de remuneração para as atividades penosas, insalubres ou perigosas;

XIX – aposentadoria;

XX – seguro contra acidentes de trabalho, a cargo do empregador;

XXI – ação, quanto aos créditos resultantes das relações de trabalho, com prazo prescricional de cinco anos para os trabalhadores urbanos e rurais, até o limite de dois anos após a extinção do contrato de trabalho;

XXII – proibição de qualquer discriminação no tocante a salário e critérios de admissão do trabalhador com deficiência;

XXIII – proibição de trabalho noturno, perigoso ou insalubre a menores de dezoito anos e de qualquer trabalho a menores de dezesseis anos, salvo na condição de aprendiz, a partir de quatorze anos;

XXIV – medidas de proteção legal de crianças e adolescentes;

XXV – igualdade de direitos entre o trabalhador com vínculo empregatício permanente e o trabalhador avulso;

XXVI – liberdade de associação profissional ou sindical do trabalhador, inclusive o direito de não sofrer, sem sua expressa e prévia anuência, qualquer cobrança ou desconto salarial estabelecidos em convenção coletiva ou acordo coletivo de trabalho;

XXVII – direito de greve, competindo aos trabalhadores decidir sobre a oportunidade de exercê-lo e sobre os interesses que devam por meio dele defender;

XXVIII – definição legal sobre os serviços ou atividades essenciais e disposições legais sobre o atendimento das necessidades inadiáveis da comunidade em caso de greve;

XXIX – tributos e outros créditos de terceiros. Tributos e contribuições de terceiros dependem da previsão de lei. Não podem ser alterados pela norma coletiva;

XXX – as disposições previstas nos arts. 373-A, 390, 392, 392-A, 394, 394-A, 395, 396 e 400 da CLT.

Regras sobre duração do trabalho e intervalos não são consideradas como normas de saúde, higiene e segurança do trabalho para os fins do disposto neste art. 611-B da CLT (parágrafo único do art. 611-B da CLT).

Há exemplos de empresas do setor de calçados que saíram das cidades de Franca (SP) e Novo Hamburgo (RS) e foram instalar-se no norte do Ceará, justamente para conseguir um custo de mão de obra inferior ao normal. Sabe-se que houve pagamento de valores inferiores ao salário mínimo, o que é altamente negativo. O salário mínimo, porém, é previsto no inciso IV do art. 7º da Constituição, mas nem sequer foi observado.

Não há estudos científicos que mostrem que a redução de encargos sociais e a prevalência de negociado sobre o legislado irão resolver a informalidade e o desemprego, pois o empregador poderá fazer a automação de seu estabelecimento, aumentando a produtividade, sem contratar trabalhadores. Foi o que ocorreu com os bancos, que tinham muitos funcionários por agência e hoje têm cinco ou seis funcionários em certos postos de atendimento. Tudo é feito por computador, para pagar contas, com a utilização da Internet, para sacar dinheiro etc.

30

Crítica

Raso Delgue assevera que a flexibilização pode significar tanto uma desregulação ilimitada como estar estabelecida em limites precisos. Uma desregulação absoluta do Direito do Trabalho levaria a situações de exploração do empregado, implicando insegurança e destruição ao elemento mais importante do trabalho: o homem. A flexibilização é necessária, implicando uma racionalização do aparato normativo do Direito do Trabalho e adaptando-o às transformações sociais[1], inclusive em razão da automação e do aumento de produção dela decorrente; porém, não pode levar a abusos.

Embora nascida a flexibilização no contexto do Direito Econômico e também na Economia, tendo reflexos no campo do Direito do Trabalho, a tese da flexibilização ganha hoje generalizada aplicação em qualquer ramo da ordem jurídica que necessite adaptar-se à realidade da atual sociedade. Compreende a flexibilização aspectos sociológicos e psicológicos[2], que acabam refletindo no Direito.

A flexibilização tem sido a resposta ao Estado onipotente, onipresente e onisciente, que representa muito mais um fator de atraso e de recessão econômica do que de progresso. Num mundo em que o comunismo, o muro de Berlim, o autoritarismo, o dirigismo e o intervencionismo desapareceram ou estão desaparecendo, pois já esgotaram seu potencial, há também necessidade de combater-se o informalismo.

---

1 RASO DELGUE, Juan. Flexibilización: desregulación o adaptación del derecho del trabajo. *Revista de la Facultad de Ciencias Jurídicas Políticas*. Caracas: Universidad Central de Venezuela, n. 87, p. 416, 1993.

2 BRONSTEIN, Anuro. La flexibilización del trabajo: panorama general. In BRONSTEIN, Arturo et al. *La flexibilización del trabajo*: un estudio internacional. Venezuela: Diario de Tribunales, Barquisimeto, 1990, p. 15.

No Direito do Trabalho, verifica-se que certos institutos tradicionais tornaram-se obsoletos em decorrência de várias crises e, atualmente, em virtude da globalização, pela incapacidade de solucionar todos os problemas da relação entre o capital e o trabalho. O marco inicial passou a ser a existência do desemprego.

Se há desempregados, é porque as empresas tiveram de fazer dispensas, pois as vendas diminuíram e, em contrapartida, seus lucros. Se os lucros diminuíram, um dos fatores é que a mão de obra tem um custo muito alto. Seguindo esse raciocínio, se se reduzirem estes encargos, haverá a possibilidade da manutenção de empregos e da criação de outros.

Surge, assim, a flexibilização como solução para a revisão do Direito, mas, especialmente, para aqueles ramos mais proximamente relacionados com a economia. Na verdade, nenhum ramo jurídico tem sentido isoladamente, mormente se o considerarmos no contexto econômico.

No setor fiscal, por exemplo, com a flexibilização e diminuição de tributos, pode-se resgatar grande quantidade de empresas que estão na clandestinidade, à margem da lei, de maneira total ou parcial, que passariam a gerar divisas para o Estado, empregos para os trabalhadores e, num contexto geral, prosperidade para a nação.

No campo do Direito do Trabalho, a proteção não deve existir apenas para o trabalhador empregado, mas para a ocupação, de proteger o direito ao trabalho, como direito social, como determina o art. 6º da Constituição, de maneira a efetivar-se o princípio da ordem econômica, para atingir a busca do pleno emprego (art. 170, VIII, da Lei Maior). A ordem econômica deve realmente ser fundada na valorização do trabalho humano e na livre iniciativa, como indica o mesmo art. 170 da Constituição. Para isso, devem ser reduzidas as desigualdades regionais e sociais também no campo do trabalho (art. 170, VII). O próprio art. 1º da Constituição determina que um dos fundamentos da República Federativa do Brasil é a valoração social do trabalho e da livre iniciativa (IV). O art. 193 da Lei Magna dispõe que a ordem social tem como base o primado do trabalho. Deve-se, portanto, assegurar que a pessoa tem realmente o direito ao trabalho. Indiretamente, deve-se garantir o desenvolvimento nacional (art. 3º, I), para erradicar a pobreza e a marginalização (art. 3º, III).

A manutenção dos postos de trabalho também depende da possibilidade do exercício da livre iniciativa pelo empresário, pois se ela não puder ser realizada, inexistirão empregos. O empresário só poderá contratar mais empregados se tiver melhores condições econômicas para isso. Caso não a possua, fecha suas portas e deixa de trabalhar. O prejuízo, quando isso ocorre, é geral: da nação, que deixa de arrecadar impostos das empresas, assim como deixa de haver o desenvolvimento esperado do país, dos trabalhadores, que perdem seus postos de trabalho.

O legislador deve estar atento não à grande empresa, que é minoria, mas à pequena empresa, que é maioria e acaba empregando a maior parte das pessoas.

Deveria também o legislador ater-se a peculiaridades estaduais, municipais, regionais, locais etc. No campo do Direito do Trabalho, isso é praticamente impossível, pois o inciso I do art. 22 da Constituição determina apenas que a União irá legislar sobre Direito do Trabalho. Num país continental como o nosso, essa uniformidade da legislação nacional em certos casos é inviável, impraticável, inaplicável. Tirando os aspectos negativos que isso representava, um exemplo era o salário mínimo regional, que embora fixasse valores diversos em cada Estado, indicava as diferenças de custo de vida existentes em cada região. O que muitas vezes se compra com certo valor no Norte ou Nordeste do país, não se compra no Sul. Tanto que já se indicou que São Paulo, por exemplo, é uma das cidades mais caras do mundo para se viver.

Há, portanto, necessidade de revisão ou reformulação dos conceitos, de modo a tornar formal o que é informal.

A opinião pública precisa pressionar, principalmente os congressistas, para que sejam resolvidas as questões anteriormente mencionadas, visando a soluções alternativas ou outras que se ajustem à nossa realidade. Não é possível que ainda tenhamos uma norma trabalhista praticamente criada em 1932 ou no Estado Novo, em 1937, consolidada em 1943, que estava imbuída de uma realidade totalmente diferente da qual vivemos hoje, entre elas a globalização e a automação. Não quero dizer com isso que é o caso de se revogar a CLT.

Ao contrário, esta norma contém muitos aspectos positivos, que ainda podem ser utilizados. É preciso modernizar nossa legislação, o que pode ser feito até por meio de pequenas leis, de modo a alterar nossa Consolidação e trazê-la para a realidade do século XXI. Deveria ser feita uma simplificação das normas trabalhistas, principalmente do texto constitucional, no qual deveria constar apenas os princípios basilares do sistema e não casuísmos, como estabelecer porcentual de horas extras, número mínimo de dias de aviso prévio etc. O Poder Judiciário acaba tentando adaptar a norma à realidade, estabelecendo uma jurisprudência de transição. Se a lei é a mesma, a diferença deve estar no juiz. A lei deveria, assim, conter apenas as regras gerais e mínimas, cabendo à negociação coletiva estabelecer as peculiaridades, inclusive no âmbito de cada empresa, o que pode ser feito pelo acordo coletivo.

A economia invisível é, portanto, uma resposta informal que a sociedade desenvolve espontaneamente para sobreviver, pois o Estado foi ineficiente para propiciar os meios indispensáveis para tanto.

Não podem continuar a viger dois sistemas empresariais ou laborais totalmente distintos: o formal e o informal, coexistindo à margem das proteções legais, dividindo a economia do país em dois sistemas econômicos: o real e o invisível.

Os caminhos devem ter por objetivo construir uma sociedade mais justa e livre, tal como preconiza o inciso I do art. 3º da Constituição, quando menciona que um dos objetivos fundamentais da República Federativa do Brasil é construir uma sociedade livre, justa e solidária.

Há necessidade de observar-se certos postulados básicos, como o da desregulação e da realidade. Não se pode esquecer da realidade para a formação do Direito. O Estado deve intervir menos na atividade econômica.

Na necessidade de revisão da legislação, a liberdade deve ser a questão principal. Não há democracia política sem democracia econômica e não há liberdade política sem liberdade de iniciativa, liberdade na obtenção de lucros, liberdade de competição, liberdade de contratação, liberdade de manifestação e de imprensa.

Há de fundar-se a flexibilização no primado do trabalho, sem preocupar-se apenas com a proteção do trabalhador, mas também com a manutenção dos postos de trabalho, impedindo o excesso de regulações, de encargos sociais, de modo a possibilitar-se a expansão do emprego. A convenção e o acordo coletivo serão as formas de flexibilizar a legislação para atender às peculiaridades regionais ou de certa empresa, no que diz respeito às condições de trabalho.

A flexibilização não deveria suprimir direito, mas apenas adaptar a realidade existente à norma ou então adequá-la à nova realidade. Em razão das inovações tecnológicas e da competitividade no mercado internacional, a empresa moderna só irá sobreviver se conseguir reduzir seus custos, de modo a competir no mercado, tanto interno como externo. Para isso, é necessária a adaptação da realidade do caso concreto à situação jurídica existente no país, que pode ser feita pelos processos de flexibilização, de modo, inclusive, a cumprir a finalidade social a que se dirige a aplicação da norma e das exigências do bem comum (art. 5º da Lei de Introdução às Normas do Direito Brasileiro).

31 Flexibilização no Direito Estrangeiro

31.1 Introdução

Neste capítulo, não pretendo tratar de todas as possíveis e imagináveis hipóteses de flexibilização existentes nos países. Vou examinar apenas certos países que acabam influenciando nossa legislação ou outros sistemas que são totalmente distintos do nosso, como o dos Estados Unidos, além de certas determinações que foram encontradas.

Também não serão analisados todos os mecanismos utilizados para efeito de flexibilização, mas apenas os mais recentes ou mais utilizados.

A norma coletiva tem cláusulas obrigacionais e normativas. Estas são as que estabelecem condições de trabalho, como piso salarial etc. As obrigacionais compreendem o estabelecimento, por exemplo, de determinações pelo descumprimento das cláusulas das normas coletivas. Na Europa, há cláusulas estabelecidas nas normas coletivas chamadas de constitutivas, que são as que autorizam o empregador a estipular com seus empregados contratos individuais flexíveis[1].

[1] D'ANTONA, Massimo. Contrattazione collettiva e autonomia individuale nei rapporti di lavoro atipici. *Giornale di Diritto del Lavoro e di Relazioni Industriali*, n. 47, p. 531-554, 1990.

31.2 Alemanha

A contratação coletiva é comum por ramo de atividade ou por região. Os comitês de empresa participam ativamente dela, inclusive por meio de regime de cogestão.

Em novembro de 2004 a Volkswagen negociou com os empregados acordo para o congelamento de salários de 103.000 funcionários da Alemanha Ocidental até o início de 2007. Em troca houve concessão de estabilidade no emprego até o fim de 2011.

31.3 Argentina

A Lei n. 24.013, de 1991, é chamada de Lei Nacional de Emprego, tendo incorporado novas modalidades de contratos por tempo determinado ao sistema argentino de relações de trabalho. Foi uma forma de tentar flexibilizar as condições de trabalho em virtude das crises econômicas e da internacionalização das economias.

O contrato de lançamento de nova atividade é o pacto destinado à prestação de serviço em uma nova empresa, ou em nova linha de atividade de empresa já existente. Tem prazo mínimo de seis meses e máximo de 24 meses (art. 47).

Compreende o contrato de prática laboral para jovens que tenham até 24 anos de idade, que se tenham formado recentemente e estejam buscando o primeiro emprego. Não pode ser superior a um ano (art. 51).

Para a contratação de jovens de até 24 anos de idade há o contrato de trabalho-formação. Não é preciso formação escolar prévia para os que estejam procurando o primeiro emprego. Tem por objetivo facilitar o ingresso do jovem no mercado de trabalho e dar-lhe oportunidade de obter o preparo teórico e prático para desempenho num posto de trabalho. Terá prazo mínimo de quatro meses e máximo de 24 meses (art. 58).

O contrato de trabalho por temporada é o pacto realizado apenas em determinadas épocas do ano, sendo repetido a cada ano, em razão da atividade sazonal da empresa. Há um período de atividade, que corresponde à temporada, e outro de recesso, em que o empregado nada recebe (art. 66).

Contrato de trabalho eventual é o pacto decorrente de acréscimo extraordinário de serviço ou necessidade da empresa em virtude de aumento de produção (art. 68).

As contratações descritas na Lei Nacional de Emprego (Lei n. 24.013) foram abolidas em 1998, pelo fato de que houve muitos abusos na utilização de contratos de prazo determinado.

A Lei n. 24.465/95 introduziu o período de prova e outras formas especiais de contratações. A aprendizagem não é considerada contrato de trabalho. O contrato de experiência não é um contrato, mas um período que se considera nos pactos de prazo indeterminado como experiência.

A Lei n. 24.467/95 regulamentou as condições de trabalho para, por exemplo, o fracionamento de férias e o regime indenizatório nas pequenas e médias empresas (Pymes). Há permissão para que pequenas e médias empresas utilizem a contratação precária sem convenção coletiva. Prevalece a convenção coletiva inferior sobre a de maior grau.

Atualmente, só é possível a utilização de contratos de trabalho de tempo determinado nos casos de temporada, empreitada ou estágios (estudantes). A aprendizagem só pode ser feita com duração entre três meses a um ano, sendo limitado a pessoas entre 15 e 28 anos desempregadas.

O contrato de prazo indeterminado inicia-se com um período de experiência de 30 dias. Nesse período, o contrato pode ser extinto sem qualquer indenização para as partes. Não há pagamento de contribuição previdenciária no período. O empregador deve apenas recolher contribuições por concessões familiares, cobertura médica e seguro por acidente do trabalho, enquanto o empregado só contribui para a cobertura médica.

O período de experiência pode estender-se por 180 dias, desde que celebrado convênio coletivo. Nesse período, porém, devem ser pagas as contribuições sociais. No caso de extinção do pacto laboral, são devidas as indenizações por dispensa sem justa causa, com redução de 50%.

O sistema de indenização na dispensa também foi mudado. Para os trabalhadores que ingressaram na empresa até 2-10-1998 a indenização é da LCT de 1974. Para quem iniciou o trabalho a partir de 3-10-1998 são aplicadas as regras da Lei n. 25.013, que prevê indenização de 2,5 dias da melhor remuneração mensal, normal e habitual percebida no último ano ou durante o tempo de prestação de serviços (se for menor), por mês ou fração maior de 10 dias.

A Lei n. 25.250, de maio de 2000, estabelece novas modificações no contrato de trabalho. O período de experiência é aumentado de um para três, seis ou 12 meses (art. 1º). Considera-se que todo contrato de duração indeterminada é um pacto de experiência. Os empregadores que ampliarem a contratação de trabalhadores por tempo indeterminado terão incentivo fiscal (art. 2º). Havendo concorrência ou sucessão de convenções coletivas, prevalece a de grau inferior.

31.4 Bélgica

Na Bélgica, a flexibilidade é mais da jornada de trabalho e dos contratos a tempo parcial.

31.5 Colômbia

A Lei n. 50 da Reforma do Trabalho, de 28 de dezembro de 1990, denominada reforma do trabalho, foi inspirada na lei panamenha de 1986. Ela autorizou o funcionamento das empresas de trabalho temporário, permitiu a contratação precária ou por prazo determinado. A dispensa do trabalhador foi facilitada, ficando derrogada a estabilidade decenal. As responsabilidades empresariais foram diminuídas. O salário passou a ter um conceito restritivo. A possibilidade de ampliação da jornada foi aumentada.

31.6 Dinamarca

As indenizações são de 90% da renda anterior a contar do primeiro dia de desemprego e por uma duração máxima de quatro anos, mesmo nos períodos em que o trabalhador está na ativação. Os desempregados adultos sem emprego há mais de 12 meses e para os jovens de menos de 25 anos depois de seis meses de emprego têm de participar de programas de ativação. Durante um ano o desempregado pode receber só indenização de seguro- desemprego. Os desempregados são obrigados a entrar na ativação depois de seis meses ou um ano de desemprego. Se se recusar, pode implicar a perda ou supressão de seus direitos. Os programas de ativação têm duração máxima de três anos, podendo compreender formação privada e pública. Se após o período de ativação em tempo integral a pessoa não encontra emprego, perde seus direitos às indenizações de desemprego, mas pode ainda receber auxílio social.

O sistema da Dinamarca é diferente, pois diz respeito a um país pequeno, com baixo índice de pobreza e grau elevado de educação da população.

31.7 Equador

A Lei n. 133, de 1991, foi baseada na lei colombiana de 1990. Foi ampliada a possibilidade de contratação por tempo determinado. A dispensa foi facilitada. O exercício do direito de greve foi limitado.

31.8 Espanha

A Espanha tinha um sistema trabalhista rígido e corporativista, decorrente da época corporativa, quando Franco esteve no poder. Era o princípio do "garantismo autoritário", sendo as regras o contrato de trabalho por tempo indeterminado e a estabilidade no emprego.

Em razão do desemprego, foram estabelecidos mecanismos para tentar empregar a mão de obra disponível. O resultado foi a existência de 12 novos tipos de contratos de trabalho. O trabalho a tempo parcial passou a ser utilizado com maior frequência, deixando de existir certas restrições que lhe eram impostas. Foram estabelecidas várias formas de contratação, com o objetivo de beneficiar os trabalhadores jovens. Estabeleceram-se também isenções ou subvenções para a contratação de trabalhadores.

Determinou a Lei n. 32, de 2 de agosto de 1984, vários contratos por tempo determinado: contrato eventual em razão da produção; contrato para substituição de trabalhadores com direito a reserva do posto de trabalho; contrato para lançamento de nova atividade; contratos de formação, como o contrato de trabalho de prática e o contrato de aprendizagem; contrato de substituição; na administração pública, houve contratos para a ocupação por tempo certo de trabalhadores desempregados, como trabalhos temporários de colaboração social. Objetiva-se com os contratos de trabalho de tempo determinado que o empresário livre-se da pesada carga decorrente das contratações de tempo indefinido[2].

---

[2] MONTOYA MELGAR, Alfredo. *Derecho del trabajo y crisis económica*. Bogotá: Temis, 1990, p. 10.

Rezava o art. 43.1 do Estatuto dos Trabalhadores sobre a impossibilidade da contratação por empresas de trabalho temporário, salvo para estivadores. Com a Lei n. 14, de 12 de junho de 1994, houve a possibilidade da contratação de trabalhadores por meio de empresa de trabalho temporário.

Estabeleceram os Reais Decretos-leis n. 8 e 9, de 1997, que se o empregador contratar por tempo indeterminado terá certas vantagens previdenciárias, de recolhimento menor de contribuições, além de diminuição das indenizações de dispensa. Poderão ser feitas contratações de:

a) jovens desempregados menores de 30 anos;

b) desempregados inscritos na Agência de Emprego por pelo menos 12 meses;

c) desempregados maiores de 45 anos (art. 9º do Real Decreto-lei n. 9).

Houve, portanto, a substituição do contrato temporário para fomento de emprego pelo contrato para fomento da contratação indefinida.

Com as novas disposições, não foram revogados os antigos contratos de trabalho de tempo determinado, com exceção do contrato para lançamento de nova atividade e o contrato temporário de fomento de emprego.

Além da convenção coletiva, há acordos de empresa, abrangendo temas descentralizados de negociação, como cláusulas relativas a horário de trabalho, jornada, turnos, remuneração, sistemas de trabalho e até a situação da empresa ou de competitividade.

Antes de 1997, um em cada três trabalhadores era contratado por prazo determinado.

O art. 18 do Estatuto do Trabalhador foi flexibilizado, permitindo que haja maior liberdade do empregador de dispensar o empregado.

O acordo de 1997 amplia as hipóteses de dispensa por motivos econômicos, reduz o custo das dispensas, determinando o pagamento de indenização de 20 dias por ano de antiguidade em vez de 45.

Em 1984, a taxa de desemprego era de 10%. Em 1994, passou para 22%. Em 1997, em decorrência das reformas, a taxa de desemprego ficou entre 18 e 19%, principalmente em razão do Acordo Internacional de Estabilidade no Emprego para incentivar a contratação por prazo indeterminado.

Em 1994, a taxa de desemprego na Espanha era de 24% da população econômica ativa. A cada ano as taxas foram diminuindo:

- 1995, 23%
- 1996, 22%
- 1997, 20%
- 1998, 19%
- 1999, 15%
- 2000, 14%
- 2001, 13%
- 2002, 12%
- 2003, 11%
- Setembro de 2004, 10,5%

31.9 Estados Unidos

Nos Estados Unidos, fala-se no emprego discricionário, no *employment at will*. O empregador tem a plena liberdade de fixar os termos e as condições de trabalho de acordo com suas necessidades.

A *concession bargaining* tem por objetivo a redução de salários como forma de evitar o fechamento de empresas ou o deslocamento para outro país. Foi muito utilizada em certas indústrias automobilísticas, que passavam por crises.

Quanto à dispensa, vige a regra da dispensa potestativa (*termination at will*). Muitos acordos coletivos acabaram limitando certas regras relativas à dispensa, como nos *Layoffs Policy*, estabelecendo exceções por motivos relacionados à capacidade do trabalhador, à conduta do trabalho, ou então fundamentadas nas necessidades da empresa, do estabelecimento ou do serviço.

As leis trabalhistas americanas são mínimas. Versam sobre salário mínimo, desemprego, aposentadoria, treinamento, saúde e negociação. As restantes condições de trabalho são delegadas aos contratos individuais ou coletivos.

O comércio abre à noite, aos domingos e feriados. Há estabelecimentos que trabalham 24 horas por dia, 365 dias por ano, enquanto no Brasil há várias restrições.

Os encargos trabalhistas americanos são de 9% sobre o salário.

É um sistema desregulamentado, que prestigia a negociação coletiva e os sistemas de autocomposição das questões trabalhistas.

31.10 França

Na França, em 13 de novembro de 1982, o Código de Trabalho permitiu a celebração de acordos coletivos derrogatórios de normas estatais, que seriam normas *in peius* (para pior). O acordo é firmado mediante aprovação da comissão de fábrica ou de acordos entre sindicatos e empresas, podendo prever congelamento de salários por determinado período. O empregador, em contrapartida, deve fazer mais investimentos.

A Lei de 3 de julho de 1986 suprimiu a autorização administrativa para as dispensas por razões econômicas. A jurisprudência francesa entende que razões econômicas ocorrem quando diminuem os pedidos de reserva de capital, das disponibilidades de caixa e perda do mercado estrangeiro.

Há o chamado trabalho a tempo escolhido, que compreende os horários individualizados, o trabalho a tempo parcial e o trabalho intermitente.

O horário individualizado consiste numa espécie de sistema de horário flexível, móvel, "à la carte". O trabalhador tem a liberdade de fixar as horas de entrada e saída, dentro de um período fixado pelo empregador. Existem períodos livres e fixos. Nos períodos livres, o empregado pode ou não trabalhar. Nos períodos fixos, o empregado é obrigado a trabalhar na empresa.

Pode ser implantado nas empresas industriais, comerciais e agrícolas, nas repartições públicas e ministeriais, nas profissões liberais, nas sociedades civis, nos sindicatos profissionais e associações de qualquer natureza, bem como para atender às solicitações de certos trabalhadores. O comitê de empresa deve concordar com o sistema, caso existente. Em sua falta, os delegados do pessoal é que irão manifestar sua aquiescência.

Há ainda necessidade de prévia informação à inspeção do trabalho. As horas podem ser transferidas de uma semana para outra, dentro do limite que for fixado em decreto. O número de horas que serão transferidas não pode exceder de três e o total de horas transpostas não pode ser superior a 10, salvo se houver previsão diversa na norma coletiva.

Trabalho a tempo parcial compreende períodos inferiores a 1.607 horas anuais ou a fixada na norma coletiva por ramo de empresa (art. L3123-1). O trabalho a tempo parcial não pode ser imposto ao empregado. Não é considerada falta grave a recusa do empregado em trabalhar sob o referido sistema. Deve haver parecer prévio do comitê de empresa. Na falta deste, dos delegados de pessoal.

O contrato, necessariamente, é celebrado por escrito (art. L3123-6), devendo mencionar a qualificação do empregado, os elementos da remuneração, a duração do descanso semanal ou mensal do trabalho, a repartição do tempo entre os dias da semana ou entre as semanas do mês. A remuneração deve tomar por base a duração do trabalho, a antiguidade do trabalhador na empresa, sendo proporcional à do empregado que, com a mesma qualificação, exerça em tempo integral emprego equivalente, no estabelecimento ou na empresa. O trabalhador a tempo parcial pode retornar ao regime integral.

Entende-se que o trabalho intermitente é outra modalidade de trabalho a tempo escolhido. Dispõe o art. L3123-34 do Código de Trabalho que o contrato de trabalho intermitente é de duração indeterminada. Há igualdade de direitos entre os trabalhadores a tempo intermitente e os sujeitos a tempo completo, salvo em certas questões específicas previstas nas normas coletivas. A remuneração mensal é fixada independentemente do horário real cumprido durante o mês.

Motivo econômico para a dispensa do empregado por um ou vários motivos não inerente à pessoa do trabalhador, como por razões econômicas e mutações tecnológicas (art. L1233-3 do Código de Trabalho).

O módulo semanal de trabalho foi fixado em 35 horas e a jornada em 10 horas, pela ordenança de 16 de janeiro de 1982 (art. L. 212-1). A partir de janeiro de 2000, o módulo semanal passa a ser de 35 horas (art. L. 3.121-10 do Código de Trabalho) como forma de tentar resolver o problema do desemprego. São 7 horas de trabalho por dia em cinco dias na semana.

Para as pequenas e médias empresas, de até 20 empregados, a duração máxima do trabalho é de 39 horas na semana, salvo previsão em norma convencional. Para as empresas de mais de 20 empregados, a duração é de 35 horas na semana (Lei Aubry, I e II). O empregado pode trabalhar no máximo 10 horas diárias (art. L.3121-18).

Contrato de emprego solidário é destinado a grupos de difícil colocação no mercado de trabalho. O módulo é de 20 horas semanais. É utilizado no serviço público.

O contrato de novo emprego (*Contract Novelle Embauche*) entrou em vigor em setembro de 2005. É uma pacto de duração indeterminada, utilizado por empresas com menos de 20 empregados. Haverá um período de prova de dois anos, no curso do qual o trabalhador pode ser dispensado sem qualquer justificativa. É devido aviso prévio de um mês se o contrato durou mais de seis meses, e de duas semanas, se a duração for inferior, além de indenização no valor de 8% sobre o montante total da remuneração bruta devida desde o início do contrato.

31.11 Holanda

A lei de flexibilidade prevê que o assalariado temporário tem um contrato legal de trabalho. O trabalhador a chamado tem direito de receber pelo menos três horas de trabalho por chamado em cinco dias na semana, salvo se houver previsão em outro sentido no contrato.

31.12 Itália

Na Itália, lei de 1984 dispõe sobre a contratação a tempo parcial, regulando os "contratos de solidariedade" que têm menor proteção legal, tanto no direito do trabalho como no direito previdenciário.

Existem três níveis de negociação:

a) negociação central: tem como partes a Confederação Geral Italiana do Trabalho, Confederação Italiana dos Sindicatos dos Trabalhadores, União Italiana do Trabalho, as organizações nacionais de empregadores públicos e privados e, em certos casos, o governo. São decididos assuntos relativos à totalidade dos assalariados. Não ocorrem em períodos regulares;

b) negociação setorial: as partes envolvidas são os sindicatos da indústria e a organização de empregadores. É discutida de três em três anos;

c) negociação de fábricas: ocorre entre a representação sindical da fábrica (*consigli dei delegati* ou *consigli di fabbrica*) e o empregador. Pode discutir questões que já foram objeto da negociação nacional.

Foram ampliadas as hipóteses de contratação por tempo determinado. Há, agora, possibilidade de se estabelecer contrato de trabalho temporário, com a intermediação de empresa de trabalho temporário, o que era vedado anteriormente pelo art. 2.127 do Código Civil.

Prescreve a Lei n. 196, de 24 de junho de 1997, que o contrato de fornecimento de trabalho temporário ocorre quando uma empresa fornecedora, registrada na repartição competente, coloca um ou mais trabalhadores, por ela admitidos por meio de um contrato específico, à disposição de outra empresa, que utiliza os respectivos serviços para satisfação de exigências de caráter temporário.

O regime pode ser utilizado:

a) nas hipóteses previstas pelos contratos coletivos nacionais aplicados pela empresa tomadora, estipulados pelos sindicatos mais representativos;

b) nos casos de utilização temporária em funções não previstas pelas seções normais da empresa;

c) para substituição de empregados afastados temporariamente.

Os contratos de trabalho de tempo determinado podem ser celebrados nas atividades de caráter sazonal, para substituição de trabalhadores com direito à conservação do emprego, no setor de espetáculo e de rádio e televisão (Lei n. 266/77), no setor do comércio e do turismo (Lei n. 18/78), no trabalho dos jovens inscritos nas listas especiais de colocação (Lei n. 479/78).

Determinou a Lei n. 56, de 28 de fevereiro de 1987, que a negociação coletiva, estabelecida pelos sindicatos de trabalhadores mais representativos, fixará as novas hipóteses de contratação a termo, além das já previstas em lei. A mesma norma permite que os contratos coletivos de trabalho estabeleçam tipos especiais de contrato de aprendizagem em empresas que exercem atividades em ciclos sazonais.

Foram promovidas novas formas de contratos de trabalho, visando elevar o nível de ocupação dos trabalhadores.

Foi estabelecido contrato com cláusula de flexibilidade à empresa. O trabalhador não pode se demitir dentro de determinado prazo ou não transferir seu domicílio para localidade muito distante da fábrica.

Entre as empresas são celebrados acordos para que uma empresa não tire da outra seu funcionário.

31.13 Japão

O Japão tem o sistema do emprego vitalício, mas, em razão da concorrência internacional, esse sistema está sendo revisto.

É possível a negociação por empresa, de forma a adaptar certas condições de trabalho que lhe são peculiares, como de pequenas e grandes empresas etc.

O sistema japonês tem como característica o emprego para a vida toda, o emprego vitalício[3].

Um terço dos trabalhadores japoneses são vitalícios e 2/3 não gozam dessa garantia[4]. Os empregados passam a ser permanentes após seis meses de trabalho. Normalmente, se a empresa tem de dispensar trabalhadores, começa pelas mulheres e pelos trabalhadores em tempo parcial. Raramente há a dispensa dos empregados de carreira na empresa, que nela permanecem até a aposentadoria.

Nas crises da empresa são cortados, primeiro, a remuneração dos diretores, segundo, os dividendos dos acionistas, terceiro, os prêmios dos empregados, em quarto lugar são reduzidos os salários, e em quinto, são remanejados os trabalhadores[5]. A dispensa só ocorre em último caso e raramente[6]. Em relação ao empregado, primeiro há a redução do bônus e

---

[3] OUCHI, William. *Teoria Z*. 4. ed. São Paulo: Fundo Educativo Brasileiro, 1982, p. 17.

[4] PASTORE, José. *Relações do trabalho no Japão*. 2. ed. São Paulo: LTr, 1994, p. 12.

[5] Idem. *Flexibilização dos mercados de trabalho e contratação coletiva*. São Paulo: LTr, 1994, p. 48.

[6] Op. cit., p. 13.

só depois é que será reduzido o salário. Posteriormente, há o remanejamento do trabalhador. Quando a empresa vai mal, o último culpado é o empregado. O primeiro é o administrador, que não teve competência para conduzir a empresa e manter o nível de emprego[7]. Os bônus geralmente representam 40 ou 50% da remuneração total, sendo vinculados à produtividade ou lucro. Quando há crise, a remuneração variável é reduzida[8], assim como o empregado deslocado para qualquer função, representando "um amortecedor crucial para evitar o desemprego nas horas de dificuldade"[9].

31.14 Panamá

A Lei n. 1, de 1986, denominada reforma do trabalho, estabeleceu flexibilização para pior, pois diminuiu o adicional de horas extras. Instituiu uma espécie de não aplicação da lei trabalhista para indústria de exportação. Esclareceu que ao trabalho em domicílio não seria observada a legislação trabalhista.

31.15 Peru

O Peru fez uma série de alterações em sua legislação por intermédio de decretos legislativos de 1991.

Foram baixados em torno de 100 decretos legislativos. Foram estabelecidas formas atípicas de contratação precária. Foi modificada a estabilidade no emprego e a participação nos lucros, na gestão e na propriedade da empresa. Houve proibição de inclusão de cláusulas de reajuste nas convenções coletivas. Nas zonas francas e zonas especiais de desenvolvimento, foi derrogada a aplicação da legislação trabalhista.

A nova lei de relações coletivas de trabalho determinou a renegociação de todas as convenções coletivas a partir do zero.

O trabalho em domicílio não observa o Direito do Trabalho.

---

7 Op. cit., p. 28.

8 Op. cit., p. 139.

9 Op. cit., p. 52.

31.16 Venezuela

Prevê o art. 89 da Constituição venezuelana que "nenhuma lei poderá estabelecer disposições que alterem a intangibilidade e a progressividade dos direitos e benefícios trabalhistas". Os direitos trabalhistas são irrenunciáveis, e é "nula toda ação, acordo ou convenção que implique renúncia ou redução desses direitos".

A Lei Orgânica do Trabalho de 1990 derrogou a estabilidade, substituindo-a por indenização. A jornada de trabalho pode ser flexibilizada mediante acordo entre patrões e trabalhadores. Uma empresa que passa por dificuldades pode negociar com o sindicato a convenção coletiva. Podem ser estabelecidas condições de trabalho piores, porém é concedida garantia de emprego enquanto durar o acordo.

31.17 Uruguai

O Uruguai não tem lei sobre convenções coletivas e sobre greve, mas há um respeito muito grande à sindicalização e à negociação coletiva.

O art. 29 da Lei n. 16.906, de 1998, reduz de dois para um ano o prazo para o empregado ajuizar a ação contra o empregador depois da dispensa e de 10 para dois anos os créditos de antiguidade que podem ser reclamados.

A Lei n. 16.246, de 1992, e o Decreto n. 412/92 modificaram o regime de trabalho nos portos, instituindo a privatização e a terceirização do trabalho.

A Lei n. 16.873, de 1997, permitiu a celebração de contratos especiais de aprendizagem e de trabalho e capacitação para jovens. A admissão é feita sem controle sindical.

A Lei n. 17.230, de 2000, trata de estágios remunerados. São considerados espécie de trabalho, mas não se aplicam as regras do Direito do Trabalho.

A OIT tem constatado que as normas flexibilizadoras não têm gerado emprego, mas contribuído para precarizar a qualidade das condições dos que estão empregados.

Conclusão

A ideia de que o Estado deve tudo prover, do *Wellfare State*, está mudando e precisa mudar para adaptar as normas à realidade social.

Deve ser repensado o papel do Estado, de um sistema excessivamente intervencionista para regular a relação entre empregado e empregador.

A legislação estatal não pode ser integralmente suprimida, estabelecendo-se a total desregulamentação do Direito do Trabalho. Neste, não vigora a plena autonomia privada, pois o empregado não é igual ao empregador, é desigual economicamente em relação ao último, ficando sujeito a pressões para ser admitido ou na vigência do contrato de trabalho. Para cuidar dessa desigualdade, é preciso estabelecer nova desigualdade, determinando um sistema de proteção ao trabalhador. Como afirma Rui Barbosa, estabelecer uma desigualdade real para obter uma igualdade ideal.

A lei representa um mínimo de proteção e estabilidade financeira ao empregado.

A flexibilização não pode ser entendida como precarização, pois, do contrário, será a total desregulamentação do Direito do Trabalho, sem garantias de direitos mínimos ao trabalhador, que não pode ficar totalmente desprotegido, sujeito à lei do mais forte ou à do mercado.

Seria demasiado chegar ao ponto de utilizar da ironia de Anatole France, em *Jardim de Epicuro*, de dar a cada um o que é seu, "ao pobre, a pobreza; ao rico, a riqueza". Deveria então ser concedida a miséria, ao miserável, a desgraça, ao desgraçado. Trazendo a ideia para o Direito do Trabalho e adaptando-a à realidade econômica, seria como usar da recomendação de Ulpiano, *suum cuique tribuere* (dar a cada um o que é seu): ao empregado, o emprego, com todos os direitos e benefícios dele decorrentes, e ao desempregado, o desemprego, com as consequências e mazelas a ele inerentes; ao trabalhador informal, a informalidade, ao precário, a precariedade. Não é assim. Deve-se assegurar um mínimo de direitos ao trabalhador para que este possa sobreviver, que não é o nosso salário mínimo, podendo haver a flexibilização, mas também uma forma de manutenção da empresa, para que esta possa continuar a gerar empregos. Não se pode chegar ao ponto de se fazer flexibilização total no sentido de nem mesmo ser cumprida a lei. Há necessidade do estabelecimento de uma regra mínima, determinada pelo Estado, seja nas Constituições, seja nas leis, e o restante será negociado pelas partes, sendo o empregado representado pelo sindicato. A flexibilização não deveria também reduzir ainda mais os salários dos trabalhadores, inclusive o mínimo, pois tais salários já são muito baixos.

Um dos obstáculos à flexibilização é a legislação ultrapassada, rígida e corporativista, como ainda existe no Brasil, pois apenas em certas situações previstas legalmente é que a flexibilização poderá ser feita.

A nossa legislação trabalhista já não cumpre seu papel, em razão das transformações da realidade social trabalhista, que abrange globalização, automação, crises econômicas etc. Deve ser aperfeiçoada para que possa continuar a indicar o perfil do trabalho, não podendo ser estática e imóvel, tal como um aparato barroco, que não tem mais utilidade.

Depois de mais de 70 anos de trabalho, a legislação trabalhista ultrapassada e retrógrada deveria aposentar-se. É uma questão de justiça.

A flexibilização também passa pela necessidade de se estabelecer uma nova política tributária e previdenciária, no que diz respeito aos encargos sociais pagos pelo empregador e incidentes sobre a folha de pagamentos. Há necessidade da diminuição de encargos sociais como forma de contratação de novos trabalhadores. Entretanto, o nosso sistema tributário é dependente do princípio da estrita legalidade. Só são criados ou diminuídos tributos mediante lei, não podendo, nesse ponto, ser feitas reformas por negociação coletiva. O sistema nacional de encargos sociais e trabalhistas é permanente e rígido, não admitindo negociação, enquanto o sistema contratado é flexível e temporário, podendo ser adaptado às necessidades das partes[1] e às crises econômicas.

---

[1] PASTORE, José; MARTINS, Ives Gandra da Silva. A dimensão tributária

As condições de vida mudaram. São outras as condições de trabalho. Há necessidade, portanto, de um novo Direito do Trabalho. Do contrário, o modelo atual será completamente ineficaz. Para adaptá-lo à realidade moderna é que há necessidade de flexibilização das normas trabalhistas.

Certos rigores do Direito do Trabalho devem mudar, para que haja a possibilidade de manutenção de empregos e até a contratação de novos trabalhadores, o que pode ser feito mediante uma legislação mais flexível combinada com negociação coletiva. A rigidez da legislação pode estimular o empregador a não admitir novos empregados.

Nem toda proteção é positiva. As regras também são ditadas pela realidade imposta pelo mercado. A proteção excessiva desprotege, discrimina, causa até o desemprego.

O Direito do Trabalho não pode tutelar apenas os que têm emprego, mas os que trabalham.

De nada adianta estabelecer um sistema protetor apenas para os que têm emprego, se este sistema desaparecer no curso do tempo. Não se quer com isso discutir o que surgiu primeiro: o trabalho ou o trabalhador, ou o que vem primeiro: o econômico ou o social, mas estabelecer um mínimo de proteção para todos. A flexibilização é uma forma de harmonização entre o social e o econômico.

É preciso também pensar na manutenção da empresa, para que esta possa continuar a gerar empregos. Haver trabalhadores, mas não existirem empresas, é totalmente utópico.

O sistema econômico mais extingue do que gera postos de trabalho. É o que ocorre com a automação nas empresas, em que se produz mais, com maior qualidade e menor quantidade de mão de obra.

Diante do desemprego, das inovações tecnológicas, da internacionalização das economias, das crises econômicas, é preciso um sistema trabalhista dotado de maior flexibilidade. Não pode existir um sistema rígido, em que o Estado tudo estipula. Há, assim, maior espaço para a flexibilização das normas trabalhistas, indicando também um pluralismo

---

dos encargos sociais. *Desafios do Século XXI*. Coord. Ives Gandra da Silva Martins. São Paulo: Pioneira, 1997, p. 149.

democrático, porque não é apenas o Estado que estabelece normas trabalhistas, mas os próprios interessados. As normas coletivas podem melhor se adaptar às crises, às inovações tecnológicas, pois são flexíveis.

A melhor forma de flexibilização é a negociação coletiva, que inclusive é mais democrática. Deve ser fomentada a utilização de acordos coletivos, por apanharem situações peculiares na empresa, em vez da convenção coletiva, que generaliza as questões, tendo aplicação para toda a categoria.

As condições de trabalho não podem ser totalmente flexibilizadas, pois do contrário o empregado ficaria completamente desprotegido. Deve existir uma garantia mínima prevista em lei. O restante será negociado.

Nos países em que há maior flexibilização de direitos trabalhistas, como no sistema anglo-saxão (EUA, Reino Unido), a taxa de desemprego é menor. Nos países em que há maior rigidez da legislação ou muitos direitos trabalhistas assegurados pela lei, como na maioria dos países europeus, o índice de desemprego é muito mais alto.

Os efeitos da flexibilização, muitas vezes, só são obtidos a longo prazo, como ocorreu na Inglaterra e na Holanda, que estabeleceram os sistemas flexíveis de trabalho nos anos 80 e só obtiveram resultados no fim da década de 90.

A flexibilização não é a causa do desemprego, mas um conjunto de fatores que pode ajudar a minorá-lo.

A existência de um sistema trabalhista constitucional e legal rígido, excessivamente regulamentado, indica um freio às tendências desregulamentadoras nas épocas de crises. Nos casos, porém, em que há regulamentação excessiva por meio do Estado, seja no âmbito constitucional, seja no âmbito legal, impede-se a flexibilização dos direitos trabalhistas, como nas épocas de crises. Pelo fato de o sistema estatal ser rígido, importa sua aplicação uniforme a grandes, médias e pequenas empresas e aos respectivos trabalhadores, impedindo a adaptação das normas trabalhistas em épocas de adversidades.

A flexibilização das regras trabalhistas não pode chegar ao ponto da precarização do emprego e até à informalização do trabalho, pois o empregado deve ter certas garantias mínimas, asseguradas pela Constituição e pela legislação, sendo o restante complementado pela negociação coletiva.

As crises devem ser resolvidas pelo Estado e pelos interessados e não às custas do empregado, reduzindo seus direitos trabalhistas.

Se só uma pessoa perde com a flexibilização, a qual, no caso, é o empregado, há renúncia.

A flexibilização importa sacrifícios de todos: do Estado, com perda de arrecadação de contribuições sociais; do empregado, com perda temporária de certos direitos; do empregador, com a diminuição de seus lucros, mas com a manutenção dos empregos.

Deve a flexibilização ser observada por prazo determinado e não por prazo indeterminado, enquanto as alterações existirem, enquanto persistirem as crises. A partir do momento em que deixarem de existir, retorna-se à situação anterior. A flexibilização deveria ser utilizada apenas como exceção nas crises e não servir como regra.

A flexibilização é uma realidade. É necessária, porém, apenas nas crises.

A reforma não deve desregulamentar totalmente as regras de Direito do Trabalho, nem exagerar na flexibilização. Nem tanto ao mar, nem tanto à terra. Deve permitir que em certas situações excepcionais existam regras flexíveis para adaptar aquele contexto às crises, mediante a participação do sindicato para fiscalizar o empregador.

As condições de trabalho não podem ser totalmente flexibilizadas, de forma a haver precarização ou informalidade do trabalho, pois do contrário o empregado ficaria completamente desprotegido, sujeito à lei do mais forte (do patrão) ou, à do mercado.

O negociado deveria apenas ocupar as lacunas deixadas pelo legislador ou então observar as hipóteses permitidas pela lei.

Menciona o Barão de Itararé que "não é triste mudar de ideia. Triste é não ter ideia para mudar". Não há dúvida a respeito da necessidade de mudanças. A inovação é necessária, mas deve ser feita para melhor (*reformatio in mellius*), para aperfeiçoar, e não para pior (*reformatio in peius*), principalmente em detrimento do trabalhador.

Novas normas trabalhistas são necessárias, principalmente as oriundas das próprias partes, pois a CLT, em certos casos, envelheceu, está atrasada em relação aos fatos, distanciada da realidade. A realidade na qual foi criada não é a mesma de hoje, principalmente o aspecto corporativista que ainda tem. A lei, por ser estática, não acompanha o dinamismo dos fatos. O Direito não pode ser um fenômeno estático, de forma que os fatos acabem prevalecendo sobre a norma. O Direito que não observa a realidade dos fatos é direito que não se realiza, que não tem eficácia. O homem não pode ser afastado da realidade, sob pena de ser atropelado por ela. Afirma Georges Ripert que "quando o Direito ignora a realidade, esta se vinga, ignorando o Direito". Os fatos guiam aqueles que querem ser guiados. Os que resistem serão por eles arrastados (Sêneca). É mister, por conseguinte, flexibilizar a norma trabalhista, de forma a abranger adequadamente as diversas situações da realidade de fato.

A realidade tem mostrado que o volume de leis editadas tem engrossado continuamente os códigos, porém há a diminuição dos trabalhadores aos quais a norma se aplica[2]. Os códigos estão cada vez maiores. Há uma profusão de leis no país, inclusive em matéria trabalhista. Entretanto, o trabalhador tem ficado desprotegido, pois diminui o número de trabalhadores aos quais a norma vai ser observada, como se verifica da fileira de desempregados que é engrossada a cada dia.

[2] COHEN, Maurice. Les inégalités cachées du droit du travail. *Droit social*, n. 1, p. 114, jan. 1990.

Referências

ALMEIDA, Isis de. *O regime do trabalho temporário.* São Paulo: Saraiva, 1977.

ALMEIDA, Napoleão Mendes de. *Gramática metódica da língua portuguesa.* São Paulo: Saraiva, 1967.

ANISI, David. *Creadores de escasez*: el bienestar al miedo. Madri: Alianza Editorial, 1995.

BARROS JR., Cassio Mesquita. *Trabalho e processo.* São Paulo: Saraiva, 1994, n. 2. Flexibilização no direito do trabalho.

_________. Impacto das novas tecnologias no âmbito das relações individuais do trabalho. *LTr* 51-9/1.045.

_________. Flexibilização do direito do trabalho. *LTr* 59-08/1.034.

_________. Modernidade da CLT à luz da realidade brasileira. *LTr* 55-04/397.

_________. Modernização e desemprego. *Revista da Faculdade de Direito da Universidade de São Paulo*, São Paulo, v. 92, 1997.

_________. Novos marcos jurídicos para as relações trabalhistas. *Pesquisas*: o novo paradigma do emprego e o futuro das relações trabalhistas. São Paulo: Konrad Adenauer Stiftung, 1998.

BLANPAIN, Roger. O futuro do acordo coletivo. *Anais do Seminário Internacional de Relações de Trabalho.* Aspectos jurídicos, sociais e econômicos. Brasília: Ministério do Trabalho, 1998.

BONFIM, Benedito Calheiros. *Trabalho & doutrina.* São Paulo: Saraiva, 1998. Da flexibilização à desregulamentação.

BRONSTEIN, Arturo. La flexibilización del trabajo: panorama general. In: BRONSTEIN, Arturo et al. *La flexibilización del trabajo*: un estudio internacional. Venezuela: Diario de Tribunales, Barquisimeto, 1990.

CAMERLYNCK, G. H.; LYON-CAEN, Gérard; PÉLISSIER, Jean. *Droit du travail*. 13. ed. Paris: Dalloz, 1986.

CARDONE, Marly. Introdução ao tema da flexibilização no direito do trabalho. *LTr* 54-7/849.

CARRIÓ, Genaro. *Notas sobre derecho y lenguaje*. Buenos Aires: Abeledo Perrot, 1986.

CÓRDOVA, Éfren. *Pactos sociais*. São Paulo: Ibrart, 1985.

CRETELLA JR., José. *Comentários à Constituição*. Rio de Janeiro: Forense Universitária, 1989. v. 2.

CUNHA, Celso. *Gramática moderna*. Belo Horizonte: Bernardo Álvares, 1970.

DALLEGRAVE NETO, José Affonso. Acordo de compensação de jornada de trabalho. *LTr* 61-12-1.602 e 1.604.

D'ANTONA, Massimo. Contrattazione collettiva e autonomia individuale nei rapporti di lavoro atipici. *Giornale di Diritto del Lavoro e di Relazioni Industriali*, n. 47, p. 531-554, 1990.

DÄUBLER, Wolfgang; LE FRIANT, Martine. Un recent exemple de flexibilization législative: la loi allemande pour la promotion de l'emploi du 26 avril 1985. Revista *Droit Social*, Paris: Librairie Sociale et Économique, v. 9/10, p. 715-720, 1986.

DORNELES, Leandro do Amaral D. de. *A transformação do direito do trabalho*: da lógica da preservação à lógica da flexibilidade. São Paulo: LTr, 2002.

ERMIDA URIARTE, Oscar. *A flexibilidade*. São Paulo: LTr, 2002.

FERNANDES, Antonio de Lemos Monteiro. A "flexibilidade" em direito do trabalho. *Revista do Tribunal Regional do Trabalho da 8ª Região*, Belém, 1988.

FREITAS JR., Antonio Rodrigues de. *Globalização, Mercosul e crise do estado/nação*. São Paulo: LTr, 1997.

GALBRAITH, John Kenneth. *The new industrial state*. Londres: Hamilton, 1962.

HOYOS, Arturo. Estudios sobre flexibilidad en Panamá. *Revista de la Facultad de Ciencias Juridicas y Politicas*, Caracas, n. 75, p. 378, 1990.

JUCÁ, Francisco Pedro. *Renovação do direito do trabalho*: abordagem alternativa à flexibilização. São Paulo: LTr, 2000.

LEFRANC, Georges. *Histoire du travail et des travailleurs*. Paris: Flammarion, 1957.

LOBO, Eugenio Haddock; LEITE, Julio Cesar do Prado. *Comentários à Constituição Federal*. Rio de Janeiro: Edições Trabalhistas, 1989. v. 1.

LYON CAEN, Gérard. *Le droit du travail non salarié*. Paris: Sirey, 1990.

MACIEL, José Alberto Couto. A crise da Justiça do Trabalho e a flexibilização. *LTr* 62-02/176.

MAGANO, Octavio Bueno. A flexibilização do direito do trabalho. Temas atuais de direito do trabalho. *Revista do Advogado*, São Paulo: AASP, 1998.

MALHADAS, Júlio Assunção. A flexibilização das condições de trabalho em face da nova Constituição. *Curso de direito constitucional do trabalho*. Estudos em homenagem ao professor Amauri Mascaro Nascimento, São Paulo: LTr, 1991.

_________. Flexibilização de direitos. *Relações coletivas de trabalho*. Estudos em homenagem ao Ministro Arnaldo Süssekind. São Paulo: LTr, 1989.

MARSH, A. I.; EVANS, E. O. *The dictionaiy of industrial relations*. Londres: Hutchinson, 1973.

MARTINS, Nei Frederico Cano. O projeto de reconstrução nacional e a flexibilização do direito do trabalho. *LTr* 56-11/1.330.

MARTINS, Sergio Pinto. *Direito do trabalho*. 36. ed. São Paulo: Saraiva, 2020.

_________. *Cooperativas de trabalho*. 6. ed. São Paulo: Atlas, 2015.

_________. *A terceirização e o direito do trabalho*. 15. ed. São Paulo: Saraiva, 2018.

_________. Flexibilização das normas trabalhistas, *Orientador trabalhista*, n. 10/97, p. 3.

_________. A flexibilização e os princípios do direito do trabalho, *Trabalho e Doutrina*, dez. 2002, n. 27, p. 16.

_________. *Comentários à CLT*. 23. ed. São Paulo: Saraiva, 2020.

_________. *A continuidade do contrato de trabalho*. 2. ed. São Paulo: Saraiva, 2019.

MCLELLAN, David. *Marx's Grundrisse der Kritik der Politischen Ökonomie*. New York: Harpers, 1977.

MONTES DE OCA, Santiago Barajas. La flexibilidad em la relación de trabajo. *Boletin Mexicano de Derecho Comparado*, México, ano XXIV, n. 70, 1991.

MONTOYA MELGAR, Alfredo. *Derecho del trabajo y crisis económica*. Bogotá: Temis, 1990.

_________. *Derecho del trabajo*. 5. ed. Madri: Tecnos, 1984, 23. ed./2002.

NASCIMENTO, Amauri Mascaro. *Teoria geral do direito do trabalho*. São Paulo: LTr, 1998.

_________. *Iniciação ao direito do trabalho*. 23. ed. São Paulo: LTr, 1997.

_________. Tendências de flexibilização das normas reguladoras das relações de trabalho no Brasil. *Estudos de direito do trabalho e processo do trabalho*, em homenagem a José Luiz Ferreira Prunes. São Paulo: LTr, 1998.

NASCIMENTO, Amauri Mascaro. Novas formas contratuais de relação do trabalho. *Estudos de direito*. Homenagem ao prof. Washington Luiz da Trindade. São Paulo: LTr, 1998.

NASSAR, Rosita de Nazaré Sidrim. *Flexibilização do direito do trabalho*. São Paulo: LTr, 1991.

NASSIF, Elaine Noronha. *Fundamentos da flexibilização*. São Paulo: LTr, 2001.

OCDE. La flexibilité du marché du travail. Paris: Rapport d'un groupe d'experts de haut niveau au Secrétaire Générale, 1986.

OIT. Protección contra el despido injustificado. *Conferencia Internacional del Trabajo*. 82ª Reunión, 1995, OIT, p. 91, item 219.

O'REILLY, Jacqueline; FAGAN, Colete. *Part time prospects*. Londres: Routledge & Kegan Paul, 1998.

OUCHI, William. *Teoria Z*. 4. ed. São Paulo: Fundo Educativo Brasileiro, 1982.

PALOMEQUE, Manuel Carlos. *Derecho del trabajo e ideologia*. Madrid, 1995.

PASCO COSMOPOLIS, Mario. La flexibilización en America Latina. *Direito e processo do trabalho*. Estudos em homenagem a Octavio Bueno Magano. São Paulo: LTr, 1996.

PASTORE, José. *Relações do trabalho no Japão*. 2. ed. São Paulo: LTr, 1994.

________. *Flexibilização dos mercados de trabalho e contratação coletiva.* São Paulo: LTr, 1994.

________. *O desemprego tem cura?* São Paulo: Makron Books, 1998.

________. *A agonia do emprego.* São Paulo: LTr, 1997.

________; MARTINS, Ives Gandra da Silva. A dimensão tributária dos encargos sociais. In: MARTINS, Ives Gandra da Silva (Coord.). *Desafios do século XXI.* São Paulo: Pioneira, 1997.

PLA RODRIGUES, Américo. *Os princípios do direito do trabalho.* 2. ed. Buenos Aires: Depalma, 1990.

PEREDO LINACERO, Juan Antonio. Trabajo a tiempo parcial y promoción profesional. *Trabajo a tiempo parcial y horario flexible.* Madri: Ministerio de Trabajo.

PORTALIS. *Discours préliminaire sur le projet de Code Civil*, 1801.

RASO DELGUE, Juan. Flexibilización: desregulación o adaptación del derecho del trabajo. *Revista de La Facultad de Ciencias Jurídicas Políticas*, Caracas: Universidad Central de Venezuela, n. 87, p. 416, 1993.

REALE, Miguel. *A globalização da economia e o direito do trabalho.* São Paulo: LTr, 1997.

ROBORTELLA, Luiz Carlos Amorim. *O moderno direito do trabalho.* São Paulo: LTr, 1994.

________. Jornada de trabalho e férias na Constituição de 1988. *Curso de direito constitucional do trabalho.* Estudos em homenagem ao Professor Amauri Mascaro Nascimento. São Paulo: LTr, 1991.

ROMITA, Arion Sayão. *Direito do trabalho*: temas em aberto. São Paulo: LTr, 1998.

________. *Globalização da economia e direito do trabalho.* São Paulo: LTr, 1997.

________. *Contrato de trabalho.* Rio de Janeiro: Edições Trabalhistas, 1988.

________. *Os direitos sociais na constituição e outros estudos.* São Paulo: LTr, 1991.

________. *Sindicalismo. Economia. Estado democrático. Estudos.* São Paulo: LTr, 1993.

_________. *Política de emprego*. Curitiba: Genesis, 1993.

SARFATI, H.; KOBRIN, Catherine. *La flexibilité du marché de l'emploi*: un enjeu économique et social. Genebra: Bureau International du Travail, 1987.

SILVA, Antônio Álvares da. *Flexibilização das relações de trabalho*. São Paulo: LTr, 2002.

SCHAUB, Günter. *Arbeitsrechts-handbuch*. 6. ed. Munique: C. H. Beck, 1987.

VANDAMME, François; TEMPLES, Jean-François. Étapes récents vers la plus grande flexibilité du temps de travail: les experiences Hansenne. *La flexibilité du marché de l'emploi*: un enjeu économique et social.

WEISS, Mandred. Políticas para a promoção do emprego. In: RELAÇÕES DE TRABALHO. ASPECTOS JURÍDICOS, SOCIAIS E ECONÔMICOS. *Anais*... Brasília: Ministério do Trabalho, 1998.

Índice Sistemático*

* A numeração refere-se ao item.